〈마성의 카운슬러〉 이재익PD의

직설
연애
상담

〈마성의 카운슬러〉 이재익PD의

직설
연애
상담

이재익·유은이 지음

북클라우드

PROLOGUE

타산지석, 연애지침

세상에 존재하는 수많은 연애지침서를 볼 때마다 한숨이 나오곤 했다. 세상에 같은 지문을 가진 사람이 없듯, 같은 홍채를 가진 사람이 없듯, 같은 연애를 하는 사람도 없다. 태초부터 지금까지 수많은 이들이 경험한 연애는 모두 독창적이고 예외적이다. 무릇 연애란 사람마다 모두 다른 것이다. 그렇다면, 타인의 시선과 훈수로 나의 연애를 보려는 연애지침서란 얼마나 공허한가?

그런데 네이버에 <마성의 카운슬러>라는 웹소설을 연재하면서 생각이 바뀌었다. 이 소설의 남자주인공이 연애 카운슬러라는 점에서 착안, 독자들의 연애 고민을 내가 직접 상담해 주는 이벤트를 해봤는데 예상보다 반응이 훨씬 더 뜨거웠다. 매일 같이 쏟아지는 연애 상담 요청 메일이 너무 많아지다 보니 다 읽을 수도 없는 지경에 이르렀다.

나는 깨달았다. 사람들에게 연애지침서가 필요한 이유를. 비록 책 안에 바로 내 이야기가 실려 있지 않더라도 타인의 비슷한 케이스를 통해 타산지석으로, 더 나가서는 청출어람으로, 배우고 참고할 무엇이 필요한 것이다.

그래서 나는 그토록 편하해 왔던 연애지침서를 쓰기에 이르렀다. 이 책은 지난겨울부터 6개월 동안 매일 같이 쏟아져 들어온 수많은 연애 고민을 직접 상담한 기록이다. 가장 많은 이들이 고민하는 것들을 영역별로 일반화시켜 묶어 보았다. 그리고 챕터마다 대표격이라고 할 만한 사연과 나의 상담 내용을 실었다.

당연히 상담자의 신상은 가리고 사연의 구체적인 내용은 일반적인 것으로 각색했다. 그러나 절절한 진심만은 그대로 남겨 두었다. 묻는 이들도, 답하는 나도 진심으로 고민하고 또 고민했던 흔적의 총결산이라 하겠다.

실패 없는 발전은 없다. 소소한 시행착오를 겪으면서 연애도 발전한다. 그러니 실패를 두려워하기 전에 나는 어떤 연애를 하고 싶은지 먼저 생각하자. 연애의 작은 실수들을 흉터가 아닌 자양분으로 삼는 순간부터 우리의 연애는 만개할 것이다.

이 책이 그런 변화를 가져오는 작은 디딤돌이 되리라 확신한다.

마성의 카운슬러
이재익 그리고 유은이

4 프롤로그

CHAPTER 1
좋은 남자 고르는 법

12 연애의 상대성이론
14 대체 좋은 남자는 어떻게 고르죠?
19 아직도 남자 외모에 집착하는 저, 한심한가요?
24 자꾸 저만 돈을 쓰게 돼요
28 허풍이 심한 남자친구 어떡하죠?

CHAPTER 2
애송이의 사랑

34 연애초보를 위한 거울
36 연애는 언제 시작하는 게 좋을까요?
40 남자란 동물은 어떤 존재인가요?
44 있는 그대로의 저를 좋아해주는 남자는 없을까요?
48 연애 성장통
52 여중생의 스킨십 고민

CHAPTER 3
나만 항상 연애가 어려운 이유

58 연애의 가장 큰 장애물
60 내 연애의 끝은 왜 항상 찝찝할까요?
72 연애까지는 바라지도 않습니다! 썸이라도 타고 싶어요
78 가족 vs 연애, 어떡해야 할까요?
84 연애는 언제, 어디서, 어떻게, 누구와 하는 건가요?

CHAPTER 4
썸에서 연애로 넘어가기

 88 썸에서 연애로 넘어가기
 90 이 남자, 저를 좋아하는 건가요?
 96 연애자아란 무엇인가요?
102 연애 성장판
106 선택의 골든타임
110 딴 남자나 찾아볼까요?
112 한 번도 연애를 안 해 본 남자

CHAPTER 5
남자들은 어떻게 연애할까?

118 남자가 사랑할 때
120 남자의 순정이란?
128 이런 제가 고백해도 될까요?
133 그 여자분 만날 수 있을까요?

CHAPTER 6
나쁜 연애 vs 착한 연애

142 나쁜 연애 vs 착한 연애
144 여자친구가 있는 남자와 섹스파트너로 지내고 있어요
150 헤어진 남친과 스킨십을 하게 됩니다
154 제가 하는 것도 연애인가요?
160 이 남자 진심인가요?
162 여고생인데 대학생 오빠를 좋아해요

CHAPTER 7
바람이 분다

168 바람, 바람, 바람
170 다른 여자와 자는 남자친구, 괜찮나요?
174 두 남자에게 마음이 가 있습니다
184 이 상처를 치료하려면 그가 필요해요
190 바람아 멈추어다오~

CHAPTER 8
우리는 누구나 결혼이 두렵다

198 둘만의 방식으로 행복찾기
200 가족이 심하게 반대하는 남자와 결혼해도 될까요?
206 헤어지는 중입니다. 시어머니가 될지도 모를 그 여자 때문에…
212 다시 붙잡고 싶은데 용기가 안 나요

CHAPTER 9
이별에는 왕도가 없다

218 이별을 대하는 현명한 태도
220 다른 여자에게 간 남자를 계속 기다려도 될까요?
224 다시 만날 수 있다면 영혼이라도 팔고 싶어요
228 그놈에게 복수하고 싶어요
232 헤어진 연인이 아는 사람과 사귀는데 어떡하죠?

234 에필로그

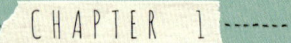

좋은 남자
고르는 법

연애의 상대성이론

세상에 떠돌아다니는 수많은 의미 없는 질문 중에 하나가 있습니다.

"좋은 남자를 고르려면 어떻게 하죠?"

답이 없는 질문이죠. 이 세상에 모두에게 '좋은 남자'란 없으니까요. 주변의 친구, 언니, 엄마, 네티즌들이 좋다고 하는 남자의 교집합을 찾기보다는 바로 '나'에게 잘 맞는 남자를 찾아보세요. 남에게 좋은 남자가 나에게는 최악의 남자가 될 수도 있기 때문입니다. 우주 만물의 질서를 대표하는 법칙 중 하나로 받아들여지는 아인슈타인 박사의 상대성이론처럼, 연애에도 상대성이론이 있습니다.

"나에게 최고의 연인이 다른 사람에게는 최악일 수 있고, 반대로 다른 사람에게 최고의 연인이 나에게는 최악일 수 있다."

왜 이런 일이 벌어질까요? 연인에게 바라는 것들이 모두 다르기 때문이죠.

예를 들어 A라는 남자가 있다고 칩시다. 돈도 많고, 잘생기고, 유머러스하고, 친절하지만, 바람기가 있네요. 어떤 여자는 이 남자를 매력적으로 생각할 수 있지만 어떤 여자에게는 최악의 남자일 수 있단 겁니다. 반대로 B라는 남자가 있습니다. 가난하고, 외모도 별로고, 고지식하지만 평생 바람은 안 피우는 의리의 남자. 역시 어떤 여자는 이런 남자를 좋아할 수 있지만 어떤 여자에게는 전혀 매력이 없을 수 있죠.

자, 이쯤에서 어떤 생각이 드나요? A와 B의 장점만을 섞은 남자를 찾게 되겠죠? 네. 그래서 짝을 찾기가 어려운 겁니다. 남자가 여자를 고를 때도 마찬가지고요. 지금 이 글을 읽고 있는 당신을 한번 돌아보세요. 모든 남자에게 당신은 완벽히 장점만 있는 매력적인 여자인가요? 아마 아닐 겁니다. 어떤 여자도 모든 남자에게 다 매력적일 수는 없습니다. 이 세상에 네모이면서 동그라미인 도형은 없잖아요.

연애 상대는 우리가 만드는 것이 아니라 '고르는' 겁니다. 선거하고도 비슷한데, 마음에 쏙 드는 정치인이 없더라도 후보 중에서 가장 마음에 드는 사람에게 투표하잖아요. 연애도 마찬가지입니다. 좋은 남자를 고르고 싶다면 연애의 상대성이론을 꼭 기억하기 바라며, 이제 좀 더 구체적인 이야기로 들어가 봅시다.

✱ 첫 번째 사연은 이 세상 모든 여자의 고민을 대변하는 내용입니다. 제목부터 가슴에 팍팍 꽂히는 분들 계시죠? 잠원동의 유슬기 씨 이야기로 우리 모두의 고민을 풀어나가 볼까요?

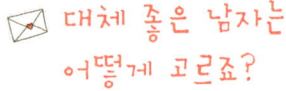
대체 좋은 남자는 어떻게 고르죠?

유슬기

안녕하세요? 20대 후반 여자입니다.

저는 남자에게 관심도 많고, 결혼도 빨리하고 싶은 편이라 그동안 적극적으로 여러 번의 연애를 했어요. 깊은 관계까지 갔던 남자가 여섯 명.

그런데 항상 연애가 길어지다 보면 치명적인 단점들이 드러나는 거예요. 마치 그만큼의 시간을 기다렸다는 듯이! 좋은 남자를 고르는 기준이라도 있으면 이렇게 시간 낭비, 에너지 낭비는 덜할 텐데 말이죠. 매번 헤어짐을 반복하다 보니 이젠 정말 포기하고 싶어지네요.

대체 좋은 남자는 어떻게 골라야 하나요?

슬기 씨의 사연, 백번 공감이 갑니다. 대체 그런 방법이 있기는 할까요? 좋은 남자 고르는 기준표 같은 거요. 왜 좋은 과일 고르는 법, 좋은 러닝화 고르는 법, 좋은 원룸 고르는 법까지도 인터넷에 검색하면 수두룩하게 나오는데 좋은 남자 고르는 법은 왜 없을까요?

그래서 만들어봤습니다. 이건 꼭 해봐야 합니다. 먼저 여자들이 남자에게 바라는 덕목을 확인해 보세요. 그다음 이 중에서 본인이 가장 중요하다고 생각하는 덕목을 1위부터 10위까지 순서대로 뽑아 보세요. 나에게 좋은 남자를 고르는 기준이 되는 항목이니 신중히 골라 주세요.

요즘 보통의 여자들이 남자친구(미래의 남편)에게 바라는 덕목

경제력. 집안 형편. 학력. 종교. 건강. 키. 얼굴. 몸매. 패션 감각. 언변. 교양(각종 상식과 에티켓). 나하고 잘 맞는 성격. 나와 비슷한 정치 성향. 같은 취미. 좋은 대화 상대. 속궁합. 절대 바람을 피우지 않을 강직함. 우리 가족에게 잘하는 사람. 남자다움(상남자). 책임감. 배려심. 친절함. 세련됨. 너그러움. 주위의 평판.

요즘 보통 여자들이 중요하다고 얘기하는 남자의 덕목을 확인해 보셨나요? 모든 여자에게 좋은 남자가 되기란 정말 불가능하군요. 당장 '상남자' 항목과 '친절함'은 공존할 수 없잖아요.

참, 여성분들 중에 결정장애가 있는 분을 위해 헷갈리는 항목 고르는 방법을 설명해 드릴게요. 두 가지 항목 중 내가 어느 것을 더 원하는지 너무 고민된다면 이렇게 하시면 됩니다. 경제력과 성격, 둘 중에서 우선순위가 애매한 경우라면 이런 남자 두 명을 상상해 보세요.

'매달 오천만 원 정도를 나에게 가져다주지만 나하고 맞는 구석이 하나도 없는 괴팍한 성형외과 의사', '일용직으로 일하면서 매달 백만 원 안팎의 들쑥날쑥한 수입을 가져다주지만 나하고는 모든 면에서 착착 맞는 남자' 이렇게 다른 요소들을 다 제외하고 두 가지만 극단적으로 비교해서 순위를 매기면 됩니다. 얼굴과 키가 헷갈린다면 키 165cm인 원빈과 키 185cm인 옥동자를 생각하시면 되겠네요.

그럼 내가 중요하게 생각하는 남자친구의 덕목 열 가지를 다 고르셨나요? 중요한 순서대로 1~10위를 모두 나열했다면 이제 풀이해 보시죠.

단, 점수를 계산하기 전 명심해야 할 것이 있습니다. 내가 고른 1~3위 항목은 절대적인 기준입니다. 이 세 가지 중 어느 것 하나라도 어긋나는 남자는 당신에게 좋은 남자가 아니에요. 언젠가는 바로 그 이유로 헤어지게 되어 있습니다.

예를 들어 속궁합을 두 번째로 중요하게 꼽은 독자분이라면 아무리 좋은 남자를 만나도 속궁합이 안 맞으면 언젠간 사달이 난다는 얘깁니다. '우리 가족에게 잘하는 사람'이 1위 항목인 독자분이라면 아무리 완벽한 남자가 나타나도 자기 가족을 무시하거나 무심하게 대한다면 결국 오래가기 어려워요. 이 점을 유의하면서 아래 방식으로 점수를 매겨 보세요.

내가 고른 1위 항목은 10점, 2위 항목은 9점, 그다음 항목은 8점… 이런 식으로 항목마다 점수가 부여됩니다. 항목 순위가 낮아질수록 점수도 낮아지죠. 55점이 만점이며, 1~10위 항목에 비춰봤을 때, 내 남자친구가 그 항목에 부합하면 점수를 주고 아니라면 점수가 없습니다. 조금 헷갈릴 때는 남자친구가 그 항목에 평균 이상이라면 점수를 주고 그 이하라면 점수를 안 주면 됩니다. 이제 당신의 남자친구, 또는 예비 남자친구의 점수를 매겨 나와 잘 맞는지 확인해 보세요.

51점 이상 : 최고의 남자. 이런 사람 또 없습니다.
41점~50점 : 우린 제법 잘 어울려요.
31점~40점 : 그래도 없는 것보단 나아.
21점~30점 : 계속 만나도 그만, 헤어져도 그만.
11점~20점 : 나 얘 왜 만나니?
10점 이하 : 알지? 당장 헤어져.

위의 여자들이 바라는 항목 중에 이해가 안 가는 항목들이 있을 겁니다. 나로서는 절대 중요하지 않은 항목이죠. 그게 바로 타인의 취향이라는 겁니다. 남들에게 좋은 남자가 내게도 반드시 좋은 남자는 아니라는 뜻이죠. 좋은 남자는 내 취향에 맞는 남자입니다. 그래도 잘 모르겠다면 다음 사연을 보며 좀 더 고민해 볼까요?

✱ 어른들이 말씀하셨죠. '얼굴이 밥 먹여주느냐?'
그런데 요즘은 얼굴이 밥 먹여 주고 그러기도 하더군요. 나이가 들어도 여전히 외모 때문에 쉽게 마음이 열리지 않아 고민이라면, 아래 사연을 보면서 남자 보는 눈을 더 키워보는 건 어떨까요?

아직도 남자 외모에 집착하는 저, 한심한가요?

이유라

저는 30대 초반의 여자입니다.

작년 가을 짧았던 3개월의 연애를 끝낸 뒤로 자괴감이 하늘을 찌르고 있는 상태입니다. 스스로 제 눈을 찌르고 싶은 지경이에요. 저는 왜 이렇게 남자 보는 눈이 바닥일까요? 이 나이 먹어도 여전히 남자 외모만 그렇게 눈에 들어오네요.

저와 마지막 연애를 했던 그 남자. 얼굴과 키는 어딜 내놔도 빠지지 않는 훈남이었습니다. 그런 말이 있죠? "여자가 남자를 사귈 수 있느냐? 없느냐?의 기준이 얼굴을 마주보고 뽀뽀를 할 수 있느냐? 없느냐? 로 판가름 난다"고요. 그 남자는 뽀뽀는 당연하고, 그냥 확 덮쳐버리고 싶을 만큼의 외모를 자랑했습니다. 근데 그게 다였어요. 그가 갖춘 건 반반한 얼굴 딱 하나였습니다. 알고 보니 빚이 몇 천만 원이나 있을 정도로 경제 상황도 좋지 않았고, 집안도 평탄하지 않았어요.

저는 얼굴에 혹해서 "그런 건 상관없어"라며 그 남자와 깊은 관계를 가졌죠. 하지만 결국 그 남자의 습관적인 거짓말로 마음이 썩어 문드러졌고, 짜증이 늘어난 저에게 그 남자는 그만 만나자고 하더라고요.

그 뒤로 여러 번 소개팅을 했지만 아직 제 맘에 드는 사람이 없네요. 솔직히 직업, 조건, 성격이 괜찮은 사람은 많지만 외모가 제 맘에 들어오지 않습니다. 제가 좋아하는 스타일의 남자들은 절 편한 친구로만 느끼고, 저 좋다고 다가오는 분들에게는 매력을 못 느끼는 상황이 반복되고 있네요.

제가 20대 중반의 나이에, 연애를 너무 늦게 시작해서 아직 연애 물정을 모르는 걸까요? 좀 더 나쁜 놈한테 호되게 당해 봐야 깨달을 수 있을까요? 친구들은 "남자 외모 아무것도 아니다. 결혼식장 들어갈 때 그 때 한 번만 창피하면 끝이야!"라며 다들 제짝 찾아서 결혼하는데, 저는 아직도 외모에만 집착하고 있네요. 저도 안정적인 남자랑 연애하고 싶은데 마음이 안 따라 줍니다. 최근에 썸타기 시작한 한 살 연하의 남자가 있어요. 많이 외롭기도 하고, "옆에 누구라도 있어야지" 싶은 생각에 일주일에 한 번씩 만납니다. 그 친구는 저에게 지속적으로 호감을 표시하는데, 이번에도 외모가 제 맘에 쏙 들지 않아 맘이 내키지 않아요. 일단 눈 딱 감고 사귀어볼까 싶다가도 이런 식으로 사귀었다가 남자에게 상처만 줬던 기억이 있어서 고민이 됩니다.

왜 자신을 스스로 철이 안 들었다고 생각하세요? 잘생기고 말 잘하는 남자를 좋아하면 철이 안 든 건가요? 전혀 그렇지 않습니다. 취향일 뿐이죠. 다만, 확률의 문제는 있습니다. 잘생기고 말을 잘하는 남자들은 자기들도 여자에게 관심이 많고, 다른 여자에게도 인기가 많을 확률이 높죠. 그러니 여자 문제가 생길 확률도 그만큼 높아지는 겁니다. 왜 로맨스 소설의 남자주인공들이 하나같이 여자에게 관심 없는 무뚝뚝한 성격인 줄 아세요? 여성 독자들에게 나 혼자 갖기 딱 좋은 남자로 보이기 때문입니다.

사실 〈마성의 카운슬러〉의 권양처럼 말도 잘하고 플레이보이 같은 면이 있는 남자주인공은 로맨스 소설에 별로 많지 않죠. 그래서 〈마성의 카운슬러〉가 1위를 못했을지도 모르겠군요. 그러나 로맨스 소설이 아닌 현실에서는 잘생기고, 말 잘하고, 매너도 좋지만 여자에게 관심이 없거나 여자에게 인기가 없는 남자는 흔치 않죠. 예쁜 여자들이 자기가 예쁜 거 아는 것과 똑같다고 생각하시면 됩니다. 잘생긴 남자도 자기가 잘생긴 거 알고 말 잘하는 놈도 자기가 말 잘하는 줄 압니다. 여자를 잘 다루는 남자들은 여자에게 관심도 많고 많이 다뤄봐서 스킬이 자꾸 늘죠. 당연히 앞으로도 여자들과 엮고 엮일 확률이 높죠.

유라 씨가 그런 위험을 무릎쓰고 외모와 언변에 끌린다면, 그건 유라 씨의 취향입니다. 앞장의 카운슬링을 보시면 남자친구(미래의 남편)에게 바라는 덕목 리스트가 있습니다. 유라 씨가 해보면 아마 얼굴과 키, 언변, 유머, 패션 감각 등이 10위 안에 포함될 것 같네요. 아무튼, 그 취향

존중하고 응원해 드리죠! 본인의 취향을 부끄러워하지 마세요. 다만 그런 남자에게 상처받을 확률이 더욱 높다는 점은 알고 계셔야겠죠? 끝으로 제가 쓴 신문 칼럼을 한 편 소개해 드리겠습니다.

이번 회에서는 2014년 최고의 드라마 명대사를 골라보았다. 영광의 수상자는 드라마 <별에서 온 그대>의 천송이 씨! 축하합니다.
"내가 살아보니까, 내가 좋아하는 사람이 날 좋아하는 일이 그게 쉽지가 않더라고. 딴 게 기적이 아니고 그게 기적이더라고."
자기 잘난 맛에 오만하게 살던 여배우 천송이가 사랑의 감정 앞에서 감사하는 대사다.
세상에는 수많은 연인과 부부들이 있는데도 불구하고 천송이는 왜 서로 좋아하는 일, 그 흔한 일을 기적이라고까지 거창하게 표현했을까? 대사 안에 생략되어 있을 법한 단어 하나를 넣어본다.
좋아하는 사람이 날 '똑같이' 좋아하는 일이 기적이다.
이제 좀 감이 온다. 연인이든 부부든 서로 똑같이 사랑하는 일은 정말 기적이라고 부를 만하다. 심지어 사랑의 결실이라고들 표현하는 결혼식장에서조차 신랑과 신부가 서로에 대해 갖는 사랑의 크기와 방식은 다른 경우가 많다.
한쪽은 안정과 여유를 바라는데 다른 한쪽에서는 뜨거운 열정이 더 오래가기를 바랄 수 있다. 한쪽에서는 결혼이 절실한데 다른 쪽에서는 해도 그만 안 해도 그만일 수 있다. 한쪽에서는 결혼이 도전인데 다른 한쪽에서는 도피처일 수 있다.
수많은 합의 끝에나 이를 수 있는 결혼을 앞둔 커플마저도 이렇게 서로 생각이 다른데 보통의 연인이나 결혼한 지 한참 되는 부부들은 얼마나 다를까? 그러니 서운할 수밖에. 서운한 끝에 체념하거나 떠나지 않으면 다행이지. 서로 똑같이 좋아한다는 건 기적 맞다.

그런데 천송이의 대사를 좀 더 음미해 보면 이런 생각에 다다른다. 평생 기적만 바라고 살 건가? 모세도 아닌데 바닷가에서 바다가 갈라지길 기다릴 텐가?

우리 그러지 말자. 내가 좀 더 많이 사랑해도 억울해하지 말자. 내 마음이 더 급해도 보채지 말자. 상대가 나보다 더 뜨거움을 이용하지 말고 상대가 나보다 차갑다 해서 비난하지도 말자. 크기와 모양이 다르더라도 서로 좋아하는 마음을 가진 상대가 있다는 사실에 감사하자. 그것만으로도, 기적은 아닐지라도 축복으로는 충분하니까.

먹고살기 힘든 세상에 손해 보면서까지 사랑을 해야 하느냐며 냉소를 짓는 사람도 있을 테지. 물론 사람은 사랑 없이도 살 수 있다. 그러나 그런 삶은 공허하다. 사랑하고 사랑받고 싶은 욕구는 대체 불가능한 것이기에 사랑이 없는 빈자리는 그 어떤 재화와 관계로도 채워지지 않는다. 대체된 것처럼 착각할 뿐.

이제 곧 크리스마스, 새해를 맞는다. 사랑에 대해 다시 생각해 보기 좋은 계절이다. 쓸쓸한 이들이여. 혹 나랑 똑같이 나를 좋아해 줄 사람이 나타날 기적만 기다리고 있는 건 아닌지 되돌아볼 지어다. 쓸쓸하지 않은 이들이여. 감사할지어다.

✳︎ 사랑에도 돈이 듭니다. 특히 여자의 이상형을 꼽는 통계에서 경제력은 늘 상위권에 꼽히는 조건이죠. 연인 사이에 크고 작은 문제를 일으키는 돈!
다음 사연과 함께 사랑과 돈에 대해 고민해 볼까요?

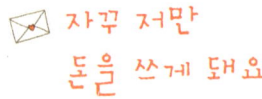

자꾸 저만
돈을 쓰게 돼요

박민지

동갑내기 남친과 재수학원에서 만나 친구로 지내다가 사귄 지 4개월이 지났습니다. 지금 저희는 대학교 1학년이고요. 다른 사람들은 친구에서 커플로 바뀌면 어색하고, 민망하다던데 저희는 그런 감정 없이 알콩달콩 잘 지냈어요.

근데 단 한 가지의 문제는 돈! 돈! 돈! 바로 돈이었습니다. "가난이 대문으로 들어오면 사랑이 창문으로 나간다"는 속담이 있죠? 요즘 제가 그 말을 엄청 실감하고 있네요. 요점을 말하자면, 저희 커플이 처음 만났을 때 정말 돈이 없었어요. 남자친구 용돈은 20만 원, 저는 그보다 10만 원 많은 30만 원이었습니다. 아르바이트를 하고 싶어도 주말에는 데이트해야 하니까 안 되고, 평일에는 공부해야 하니까 안 된다는 이유로 일도 못 했어요. 그렇게 연애 초반부터 워낙 가난한 상태로 만나다 보니 길거리 포장마차 음식으로 끼니를 때우거나, 데이트는 백화점 아이 쇼

핑, 공원 산책, 이렇게 돈 안 드는 코스 위주였죠. 그래도 제가 그나마 용돈이 10만 원 정도 더 많고, 중간중간 돈 들어올 일이 있어서 데이트 비용을 내는 경우가 많았어요. 연애 초반에는 남친이 제가 돈 내는 거에 대해서 엄청 미안해하더니 가면 갈수록 미안해하는 기색도 없고, 제가 낸다고 하면 비싼 메뉴도 막 시키려 하더라고요.

한번은 제 생일이라서 큰 맘 먹고 패밀리레스토랑에 갔는데 "우와, 나 스테이크 먹어도 되지?" 하는 겁니다. 저는 파스타랑 샐러드만 생각하고 갔는데요. 저는 어색하게 웃으면서 "나 용돈 얼마 안 남은 거 알잖아, 파스타랑 샐러드 시켜!"라고 넘어가긴 했는데, 아시죠? 은근 빈정상하는 거요. 저는 지금도 남자친구가 돈을 많이 쓰지 않게, 가끔 택시비도 찔러 주고, 음식도 최대한 싼 걸 시키려고 하는데, 저의 이런 태도랑 너무 상반된 남자친구가 얄미운 거예요.

그리고 얼마 전 사건이 터졌어요. 남자친구가 유럽여행을 갔다 왔는데 빈손인 거예요. 저는 아무리 용돈이 적다고 해도, 나 줄 간식거리라도 하나 샀겠지 했는데 정말 아무것도 안 샀대요. 저는 걔가 유럽 가 있는 동안 그토록 갖고 싶어 하던 장갑까지 깜짝 선물로 사놨는데요. 돈이 없는 게 문제가 아니라, 저한테 돈 쓰는 걸 아까워하는 남자친구가 미워요. 제 마음 이해가 되시나요?

돈과 사랑. 왠지 섞어 놓으면 뭔가 불결해지는 기분이죠? 그러나 자본주의 사회에서 돈만큼 사랑과 가까이 붙어있는 건 없답니다. 돈 얘기를 꺼낸다고 민지 씨의 사랑이 덜 순수해지는 건 절대 아니니 걱정하지 마시고요. 남자와 여자가 재산과 소득도 똑같고 데이트 비용도 똑같이 낸다면 문제없겠지만 그런 커플은 어디에도 없죠. 누군가는 더 쓰고 더 낼 수밖에 없습니다. 많은 20대 커플들이 그렇듯 민지 씨와 남자친구도 데이트 비용이 넉넉하지 않은 상황인데, 자꾸 민지 씨만 더 쓰게 되고 남자친구는 그걸 당연하게 생각하는 상황이 문제의 핵심입니다.

민지 씨가 없는 용돈을 긁어 남자친구에게 쓸 때, 초반에는 남자친구가 고마워도 하고 미안해도 했을 겁니다. 표를 안 냈다 하더라도 속으로는요. 그러나 그게 되풀이되고 계속되다 보면 습관이 됩니다. "호의가 계속되면 권리인 줄 안다"는 말이 있죠. 남자친구는 이미 그런 단계에 접어들었네요.

해결책은 간단합니다. 민지 씨가 아까워하지 않을 만큼만 쓰세요. 당장 쓰는 돈을 확 줄이기 어렵다면 조금씩 줄여나가세요. 그리고 남자친구에게 얘기하세요. 이제 예전처럼 돈 쓰기가 어려워졌다고요. 돈을 모아야 할 일이 생겼다고 하세요. 실제로 모으면 더 좋고요. 제대로 된 남자라면 형편에 맞춰 자기도 데이트 비용을 보탤 겁니다. 그럴 기미가 안 보이면 네가 데이트 비용을 좀 보탰으면 좋겠다고 솔직하게 말씀하세요. 그렇게까지 했는데도 남자친구가 변화가 없다면? 정리하세요. 여자가 돈 내는 걸 당연하게 보고 있는 남자, 미래가 암울합니다. 남자의 능력을 말하는 것이 아니라 태도와 습관을 말하는 것입니다.

영화 〈킹스맨〉의 명대사가 있죠? "매너가 남자를 만든다." 저는 이렇게 말하고 싶습니다. "습관이 미래를 만든다." 물론 남자든 여자든 상대보다 훨씬 많은 돈을 쓰면서 잘도 연애하는 사람들도 있습니다. 돈이 많아서 그런 경우도 있고, 돈이 별로 없어도 상대에게 쓰는 게 아깝지 않은 경우도 있죠.

그러나 돈이 아깝다면, 마음이 불편하다면, 그러지 말아야죠. 그건 민지 씨가 남자친구를 덜 사랑해서도 아니고 속물이어서도 아닙니다. 민지 씨는 지극히 정상적이고, 솔직하고, 사랑스러운 사람입니다. 지금 현 상태에서도 민지 씨 남자친구의 '남자로서'의 태도는 문제가 크고, 앞으로 더 나이를 먹으면 더 심각하게 발전할 문제이니 이른 시일 내에 해결하시길 빕니다.

> 남자의 경제력은 각종 설문조사를 할 때마다 많은 여자 분들이 남편의 조건 1, 2순위로 꼽는 항목이기도 합니다. 그러나 착시현상을 조심하셔야 합니다. 남자와 남자 집안에 돈이 많아도, 막상 여자에게 한 푼도 안 쓰고 잔소리만 한다면 무슨 소용이 있나요? 재력도 중요하지만, 올바른 소비력과 관용도 중요한 시대입니다.
>
> 그리고 20대의 남자는 경제력이 아니라 태도와 습관을 봐야 합니다. 비록 지금은 경제력이 별로 없지만, 능력을 키우고 있으며, 또 상황에 맞춰 돈을 잘 쓸 줄도 안다면 30대에는 훨씬 나아질 확률이 높습니다.

✱ 여자가 이해할 수 없는 남자의 허세~ 물론 가끔은 귀엽게 느껴질 때도 있지요. 다만 평소의 건전한 태도가 뒷받침됐을 때만 가능하지만요.
행동보다 말이 앞서는 남자 때문에 고민이신가요? 똑같은 고민으로 힘들어하는 정지원 씨를 만나 보시죠.

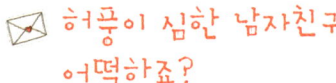
허풍이 심한 남자친구 어떡하죠?

정지원

남자친구의 희망고문 때문에 미쳐가는 한 여자입니다. 저는 28살이고 사귄 지 3년 된 남자친구가 있어요. 이 사람은 제 첫 남자친구예요. 그래서 모든 남자가 이런 건지, 이 남자만 유독 희망고문을 하는지 헷갈리네요. 그 희망고문이 대체 뭐냐고요? 제 남자친구는 말만 하고, 그걸 행동으로 절대 옮기지 않습니다.

지난 크리스마스 시즌, 남자친구가 "내가 이번에 진짜 큰 선물 해줄게"라고 하더라고요. 저는 괜찮다고 일단은 거절했죠. 근데도 "아냐! 내가 꼭 한번 너한테 좋은 선물 해주고 싶어!"라며 극구 다짐을 하더라고요. 자기가 해주고 싶다니까 편한 대로 하라고 했죠. 그런데 며칠 뒤에 또 똑같은 말을 하는 거예요. 그때부터 저는 이번엔 진심인가 싶어 기대하기 시작했어요. 제가 그때 갖고 싶어 하던 노트북이 있었는데, 남자친구도 그걸 알고 있었거든요. 아무래도 그걸 사주려나 보다 싶었어요. 그래서 저는 노트북을 사려고 모아 놓은 비상금을 투자해서 남자친구가 갖고 싶어 하던 명품지갑을 샀습니다. 그리고 당일 선물을 주니 "고마워. 아이참. 미안하게. 나는 하나도 준비 못 했는데…"라는 거예요. 당황스러워서 말이 잘 안 나오더라고요.

　근데 문제는 이런 적이 한두 번이 아니라는 겁니다. 저는 성격상 부모님한테조차 뭘 사 달라거나 부탁을 잘 안 해요. 원래 필요한 건 스스로 구해야 된다고 생각해서, 남자친구한테도 선물 같은 거 안 바라고 데이트 비용도 거의 반반씩 내고 있습니다. 그런데 이렇게 사람 기대감만 부풀려 놓고, 지키지 않으니 화병이 날 지경이네요. 어떤 때는 직접적으로도 그러지 말라고 화도 내봤지만 남자친구는 "정말 하려고 했어. 미안" 이러면서 넘어가더라고요.

　3년이나 사귈 동안 가방, 신발 이런 것들은 꿈도 안 꿨고요. 솔직히 그 흔한 생일케이크랑 꽃 한 송이도 못 받아봤어요. 이건 돈의 문제가 아니라 성의의 문제라고 생각합니다. 남자친구한테 깜짝 선물이나 이벤트 받아보는 게 소원이라고 몇 번이나 말했는데, 절대 귀담아듣지 않네요.

　솔직히 이 남자와 결혼까지 생각하고 있는데, 자기가 한 말을 자꾸 어기니까 신뢰가 안 되고 앞으로도 계속 스트레스받을 것 같아서 고민이에요. 남자친구의 못된 버릇을 과연 고칠 수 있을까요?

일단 용어부터 정리하면 이런 경우에는 '희망고문'이 아니라 허언, 식언이라는 말을 씁니다. 지원 씨의 남자친구가 허풍을 부리거나 지키지 못할 말을 하는 습관이 있군요. 남자로서, 아주 좋지 않은 습관이죠. 이럴 때는 남자친구와 터놓고 이야기하는 것이 우선입니다. 대신 이런 습관이 남자친구의 콤플렉스일 수도 있으니 요령껏 잘 얘기해야 합니다. 차분하게, 여유와 유머를 곁들여서 얘기해 보세요.

물론 한바탕 싸울 수도 있다는 건 각오해야 합니다. 그럼에도 불구하고 짚고 넘어가야 할 일입니다. 그냥 덮고 가시면 언젠가 이 문제 때문에 이별할 수도 있습니다.

여자로서 남자친구에게 이러이러한 선물을 받고 싶은 마음도 있다는 것을 꼭, 분명히, 얘기하시고요. 남자친구와 똑같이 해보세요. 뭔가를 해줄 것처럼 한껏 기대감을 줬다가, 흐지부지 넘어가는 거죠! 그럼 남자친구도 깨닫는 게 있을 겁니다. 엎드려 절 받는 건 별로지만 아예 안 받는 것보단 낫지 않겠어요? 그리고 처음이 어렵지, 한 번 가르쳐주면 선물쟁이가 될지 누가 압니까?

남자친구를 더 멋진 사람으로 발전시키는 것도 연애의 재미이자 보람 아닐까요? 저도, 저를 사랑해 준 그녀들의 손길 덕에 예전보다 요만큼이라도 나은 사람이 되었다고 생각합니다. 부디 잘 해결하셔서 더 멋있어진 남자친구와 즐거운 연애 하시길! 독립적인 여성을 지향하는 지원 씨가 참 멋지고 예뻐 보이네요. 그러나 너무 힘들 때는 남자에게 기대는 것도 여성에게 허락된 권리라는 거 잊지 마세요.

▶ 우리 독자님들 중에서도 지원 씨처럼 허언을 하는 습관을 가진 남자친구를 둔 경우가 있나요? 조속히 고쳐야 할 습관입니다. 놔두면 자꾸 남자친구가 못나 보이게 되거든요. 다음은 연애초보를 위한 특별한 챕터입니다. <애송이의 사랑> 함께 보시죠.

CHAPTER 2

애송이의 사랑

연애초보를 위한 거울

연인들의 대명사처럼 여겨지는 로미오와 줄리엣. 작품 속 그들의 나이가 몇 살인 줄 아나요? 지금으로 치면 겨우 중고등학생입니다. 우리나라의 로미오과 줄리엣이라고 할 수 있는 성춘향과 이몽룡 도령의 나이도 겨우 16세. 그 시절과 지금의 나이 의미가 다르다곤 하지만 여기서 알 수 있는 것은 사랑의 감정은 나이의 많고 적음을 가리지 않는다는 겁니다. 오히려 어릴수록 더 순수한 사랑의 감정을 느낄 수 있죠.

나이와 지성도 비례하지 않습니다. 서른 넘어서도 멍청한 어른들이 있는 반면, 어른보다 더 똑똑한 학생들도 많죠. 연애도 마찬가집니다. 여러 번의 연애를 경험한 여고생이 모태솔로인 서른 살 어른보다 이성문제에 훨씬 더 성숙한 것은 당연하죠. 그러니 이 챕터의 부제는 '연애초보자들을 위한 거울' 정도가 좋겠네요. 이제 막 연애를 시작하려고 하는 어린 학생들의 사연들로 예열해 봅시다.

다만 어린 학생들의 케이스를 읽고, 가볍게 여기거나 무시하지 않길 바랍니다. 이승철이 노래했죠. 어리다고 놀리지 말라고.

저조차도 어린 친구들의 케이스를 보면서 연애의 본질을 엿보는 통찰력마저 생긴 느낌이었으니까요. 썸부터 스킨십까지 망라하는 사연들을 보면, 연애초보인 성인 여러분도 고개를 *끄덕끄덕* 하며 읽게 되실 겁니다. 바로 사연으로 들어가 볼까요?

* 공부에도 때가 있다는 말, 지겹도록 들어 봤죠? 단언컨대 연애에도 때가 있습니다. 연애하기 가장 좋은 때는 언제냐고요? 다음 사연을 보시죠.

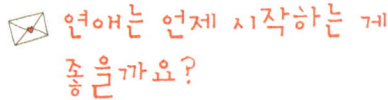
연애는 언제 시작하는 게 좋을까요?

이하늬

안녕하세요. 대한민국의 흔한 여고생입니다.

요즘은 고등학생들도 연애 많이 하는 거 아시죠? 저도 작년 초까지 남자친구가 있었는데 부모님의 반대로 헤어지게 되었어요. 반대하시는 이유는 뻔하죠. "니가 지금 연애할 때냐? 공부를 해야지! 남자는 대학 가서 만나도 늦지 않다!" 이거요. 물론 저도 알고 있어요. 공부가 더 중요한 시기라는 걸. 그래서 부모님 몰래 만나다가 결국은 들통이 났고, 헤어지게 되었습니다.

그때 헤어진 아이가 제 인생에서 처음이자 마지막인 남자친구였어요. 그 뒤로 다른 남자친구들에게 몇 번 고백도 받고, 친구들이 소개해 주는 남자들도 있었는데, 부모님이 또 반대하실 게 뻔해서 망설여집니다. 머뭇거려져요.

어른들은 왜 학생이 남자를 사귄다고 하면 무조건 반대부터 하는 걸까요? 남자친구를 사귄다고 해서 놀러만 다니는 것도 아니고, 성적 관리를 안 하는 것도 아닌데요. "니들이 데이트할 시간이 어딨느냐? 그 시간에 책이나 한 글자 더 봐라"라고 하시는데, 솔직히 말해서 등하교할 때 같이 버스 타고, 도서관 가서 점심 같이 먹고 공부하는 게 데이트가 될 수도 있는 거잖아요.

왜 어른들은 무조건 연애는 대학 가서 하라고 말하는 거죠? 대한민국 고등학생에게 연애할 자유는 없는 건가요? 고등학교 시절은 특히 정신적인 여유도 없는 시기인데, 이렇게 힘들 때 같이 있으면 위로가 되는 남자친구를 왜 사귀면 안 되는 걸까요?

누가 저에게 연애하기 가장 좋은 때를 묻는다면 이렇게 대답하겠어요.

"연애는 10대 때 해야 제격이죠."

너무 무책임해 보이나요? 그러나 사실입니다. 오죽하면 이팔청춘이라는 말이 있겠어요? 이성에 관한 호기심과 열정이 화산처럼 솟아오르는 청춘의 시절이야말로 연애의 최적기입니다. 문제는 연애를 '잘' 해야 한다는 거죠. 이건 20대의 연애, 30, 40대의 연애도 마찬가지입니다. 부모님들이 걱정하시는 부분도 여기에 있죠. 아직 어린 나이이기 때문에 연애를 '잘' 못할까 봐 아예 못하게 막는 겁니다.

연애를 잘못하면 일상에 큰 충격이 옵니다. 흔히들 내상을 입는다는 표현을 쓰기도 하는데, 눈에 보이진 않아도 피해가 막심하죠. 10대 때는 특히 그렇습니다. 연애에 휩쓸려서 성적과 학교생활을 모두 망칠 바에는 아예 연애를 안 하는 게 낫습니다. 부모님 말씀이 맞는 구석도 있어요. 그러나 학창시절에 학업과 연애를 병행하는 방법을 익히고 나면 나중에도 커리어와 연애를 조화롭게 병행하는 슬기로운 어른이 될 수 있습니다. 공부도 때가 있는 것처럼, 첫사랑도 때가 있습니다. 어릴 때 공부 열심히 안 하면 커서 고생할 가능성이 많은 것처럼, 10대에 사랑을 배우지 못하면 20대에도 사랑에 서툴 가능성이 크죠.

많은 사람과 이야기를 나누다 보면, 10대에 연애 경험이 있는 사람은 20, 30대에도 건강하고 활발하게 연애를 즐기는 경우가 대부분입니다. 반대로, 모태솔로이거나 연애를 힘겨워하는 성인들은 10대 때 이성교

제 경험이 아예 없거나 억압받은 경우가 많습니다. 물론 예외도 있긴 하지만 확률적으로 그렇다는 이야기.

하늬 양의 글을 보니 충분히 '좋은 연애'를 할 만큼 성숙해 보이는데, 부모님께 좋은 연애를 할 수 있게 도와달라고 해보는 건 어떨까요?

실제로 제 학창시절 연애담을 들려 드릴게요. 고등학교 2학년 때 한 번, 3학년 때 한 번 이렇게 연애를 했었어요. 한 번은 부모님 몰래, 한 번은 공개하고 만났죠. 물론 두 번째 여친을 만날 때 엄마의 잔소리는 아휴…. 성적 떨어질 때마다 여자친구 정리하라고 난리난리. 아시죠? 그럼에도 불구하고 부모님께 여친을 공개하길 잘했다고 생각합니다. 아니었으면 대학도 못 가고 스무 살에 아빠가 되었을지도….

하여튼, 그때 그 소녀들과 나눈 사랑이 지금 제 감성의 팔 할은 아니오 할쯤은 만들어줬다고 생각합니다. 그때 공부하면서 연애도 하고 취미생활도 짬 내서 했던 경험이 어른이 되어 방송, 영화, 소설 등 여러 활동을 같이하는 제 삶의 토대가 되었다고 생각합니다. 요령을 배웠다고 할까요? 우리가 모르는 사이, 의외로 많은 것들이 10대 때 이루어지고, 또 그래야만 한답니다. 중고생 여러분 '좋은 연애' 하세요. 화이팅!

> 귀여운 여고생 하늬 양의 사연을 함께 읽어 보셨는데, 어떠셨나요? 독자님들은 제때에 첫사랑을 해보셨나요? 이상, 조기교육보다는 조기연애가 인생에 더 도움이 된다고 믿는, 마성의 작가 이재익이었습니다.

✱ 혹시 독자분 중에 '남자'라는 존재 자체가 어렵고 부담스러운 분이 있나요? '여자'라는 존재를 어려워하는 남자 분도 분명 있을 겁니다. 이성이 나와 아무리 다르다 한들 외계에서 오지 않은 이상, 우리는 서로를 충분히 이해할 수 있을 겁니다. 다음 사연을 꼭 읽어 보세요!

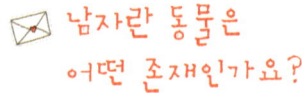
남자란 동물은
어떤 존재인가요?

박설아

안녕하세요. 〈마성의 카운슬러〉를 애독하는 어린 독자입니다. 나이는 이제 고3(망했네요) 올라가고, 여중, 여고, 모태솔로 출신입니다.

제가 상담하고 싶은 내용은, 제가 남자를 너무너무 많이 의식해서 할 수 있는 게 아무것도 없다는 겁니다. 연애는 당연히 대학에 붙은 뒤에 할 생각이지만 그래도 친구들과 놀다 보면 남자를 만날 기회가 생기잖아요? 문제는 그 '남자'라는 존재가 제 앞에 출현하면 저 혼자 쩔쩔맨다는 겁니다. 잘생겼든, 못생겼든, 키가 크든, 작든 상관이 없어요. 남자 쪽으로는 눈길 한번 주지 못하고, 머릿속은 백지장처럼 하얘져요. 남자라는 생물과 한 공간에 5분 이상 있으면 식은땀까지 나요. 제가 대체 왜 이러는지 알고 싶어서 네이버 지식IN에도 올려 봤는데 이런 답변이 달리더라고요.

"질문자님이 타인을 너무 의식하시는 것 같네요."

제 미래의 연애 생활이 걱정되어 미치겠습니다. 대학 가서도 여전히 이런다면 저는 평생 연애 한 번 못 해보고 모솔로 늙어 죽을 수도 있는 심각한 문제잖아요.

취미 생활로 웹소설을 읽는데 〈마성의 카운슬러〉를 발견하고 반가운 마음에 상담을 요청합니다. 이런 증상을 극복하기 위해 저는 무엇을 먼저 해야 하나요? <mark>마음가짐, 자기최면, 어떤 것이든 좋아요. 남자가 불편해지지 않는 방법 좀 알려 주세요!</mark>

이번 사연은 아주 간단하게 정답을 드릴 수 있겠네요.

"자꾸 반복하면 괜찮아집니다."

지금은 남자라는 존재(또래의 '이성'으로 생각할 수 있는 남자)와 함께 시간을 보내는 일이 특별한 상황이기에 어색하고 떨리고 눈치가 보이는 겁니다. 하지만 이런 상황이 자주 반복되고 익숙해지면 훨씬 편해집니다.

대학에 가면(여대는 제외) 매일 남학생들과 함께 수업 듣고, 밥 먹고, 술 먹고, 농담하고, 영화 보고, 남자라는 존재가 전혀 어렵지 않은 세상을 경험하게 됩니다. 그때가 되면 남자란 가장 흔하고 멍청한 존재라는 사실도 깨닫게 되실 겁니다. 물론 계속 남자를 피해 다니면 지금과 달라지지 않겠죠?

아이들이 걸음마를 배울 때도 무수한 반복과 실패를 거칩니다. 하지만 일단 배우고 나면 걸을 때마다 발걸음을 의식하지 않잖아요? 남자란 존재도 자꾸 부딪혀서 익숙해지면 의식조차 하지 않게 된답니다.

사실 저도 중학교 때까지는 여학생들하고 같이 있으면 어쩔 줄 모르고 식은땀까지 났어요. 남녀공학 고등학교에 다니고, 정원 35명에 여학생이 25명인 영어영문학과를 졸업하고, 여자들이 우글거리는 광고회사와 방송국을 거치면서 그동안 많은 여자를 경험하다 보니, 이제는 오히려 남자가 어색해요. 밥 먹는 것도 여자랑 먹는 게 편하고, 얘기도 여자들하고 더 잘 통하고, 일할 때도 여자들하고 더 잘 맞고요. 심지어 남자랑 있으면 불편한 지경에 이르렀답니다. 으응?

독자님들 중에서도 설아 양처럼 남자라는 종족 자체가 어렵고 불편한 분들이 있으리라 생각됩니다. 그럴수록 피하지 마시고 자꾸 부딪치고 섞이세요. 굳이 연애를 하지 않더라도 남자 사람 친구들이 많은 것이 미래의 연애에도 도움이 됩니다. 남자들에 대해 더 알게 되는 계기도 생길뿐더러 남자 사람 친구들을 통해 미래의 연인을 만나게 될 확률도 커지니까요.

* 썸을 타다 보면 이런 스트레스를 받기에 십상입니다.
"이 남자는 어떤 스타일의 여자를 좋아할까? 나를 변화시켜야 할 텐데 힘드네. 있는 그대로의 나를 좋아해 주는 남자는 없을까?"
특히 연애 경험이 없는 어린 친구들이 이런 고민을 더 많이 하는데요. 다음 사연과 함께 해답을 얻어 보세요.

✉ 있는 그대로의 저를 좋아해 주는 남자는 없을까요?

이아연

저는 이제 16살이 되는 여중생입니다!

요즘 제 인생 최대의 고민은, 저한테도 "남자친구가 생길까?"입니다. 저는 지금까지 모태솔로고요. 얼굴은 지극히 평범, 몸매도 통통한 편이에요. 제가 남녀공학을 다녀서 남자 사람 친구들이 많은데, 그 아이들은 저를 여자로 안 봐요. 그냥 편한 여자 사람 친구 취급을 합니다. 사실 제가 요즘 제 또래 애들과 좀 다르게, 화장도 안 하고, 교복 치마도 길게 입거든요. 그래서 남자애들이 저한테 이성적인 매력을 못 느끼는 것 같은데, 그렇다고 해서 화장하고 교복 치마를 줄이고 싶은 생각은 없어요. 그런 겉모습은 다 부질없이 느껴지거든요.

이런 저의 모습 그대로를 좋아해 주는 남자가 과연 존재하긴 할까요?

카운슬링을 시작하면서 놀란 사실 하나. 이렇게 많은 학생이 이성문제로 고민하고 있다는 사실을 처음 알았습니다. 이 나라의 장래는 밝다고 생각합니다.

"공부나 하지 무슨 연애냐!"

이런 몰지각한 이야기를 하는 어른들의 말은 한 귀로 듣고 흘리세요. 당연히 공부도 중요하지만 10대의 연애는 공부만큼 중요합니다. 인생에서 커리어도 중요하지만 연애와 결혼도 못지않게 중요한 것처럼요.

한 사람의 이성에 대한 가치관, 연애관, 더 나아가서는 트라우마까지. 대부분은 의외로 10대에 결정되는 경우가 많습니다. 심지어 10대에 연애를 안 해본 사람의 경우에도 말이죠. 그러므로 학교 다닐 때 연애와 이성에 대해 관심을 갖는 건 당연하면서도 건강한 일입니다.

어릴 때는 막연하게 궁금해지죠. "나에게도 남자친구가 생길까?" 네, 당연히 그럴 겁니다. 그러니 걱정하지 마세요. 아연 양은 '치장'에 대한 고민을 물어보셨어요. 그런데 이미 정답을 말씀하셨네요. "부질없다"라고요.

16살이라는 나이는 화장하거나 노출을 하기엔 너무나도 '아까운' 나이가 아닐까요? 얼굴에 메이크업하고 치마를 올리는 순간! 오직 그 나이에만 보이는 순수한, 소녀다운 아름다움을 가려버리잖아요. 설령 여드름투성이의, 젖살이 통통하며, 꺼벙한 안경을 쓴 투박한 모습이라 할지라도 그 나이의 소녀가 지닌 아름다움이 있답니다.

화장하고 치마를 짧게 입는 일은 20, 30, 40대 어른이 되면 수십 년을 하게 되는 일이죠. 그래 봤자 16살 소녀의 생명력 앞에선 초라할 수밖에 없지만요. 그러니 부디 있는 그대로 건강하게 지내시기를 응원합니다. 그리고 남자친구가 생길까 안 생길까 궁금한 정도라면, 생길 거라고 믿으면서 하루하루 즐겁게 보내세요.

   남자친구가 꼭 있으면 좋겠다는 절실한 상황이라면, 예뻐지시는 게 가능성을 높이는 길이겠죠? 살이 좀 찐 편이라고 하셨죠? 살 빼고, 머리하고, 옷 입는 스타일 정도만 바꿔도 그 나이에는 완전히 다른 사람처럼 보일 겁니다. 다시 말하지만, 메이크업과 짧은 치마는 더 나이 먹고 해도 전혀 늦지 않아요.

   그리고 마음에 드는 남학생이 있으면 적극적으로 친해지는 것도 방법이고요. 물론 실패할 확률(그 남자가 아연 양을 좋아하지 않을 확률)도 높지만 연애는 원래 자꾸 시도하면서 느는 거랍니다. 세상 모든 일이 다 그렇죠. 저도 실패한 소설을 수십 편은 써 본 걸요?

   당신의 청춘을 질투하고 응원합니다.

✱ 학창 시절, 심지어는 학교를 졸업하고 나이를 먹을 만큼 먹은 뒤에도 자주 겪는 고민! 우정이냐 사랑이냐! 한 남자를 놓고 친구와 경쟁 관계가 될 때가 있습니다.
어떤 선택이든 정답은 없습니다. 아래 사연과 함께 좀 더 이야기해 보죠.

📩 연애 성장통

박태연

안녕하세요, 마성의 카운슬러님. 저는 이제 중학교 3학년이 되는 여학생이에요. 현재 아무에게도 말 못한 짝사랑 진행 중입니다. 근데 오늘 저랑 제일 친한 단짝 친구가 전화하더니 대뜸 그러더라고요.

"나 좋아하는 사람 생겼어. 우리 반, 반장이야."

숨이 턱 막히더라고요. 제가 좋아하던 사람이 그 친구네 반, 반장이었거든요. 솔직히 처음에는 장난치는 줄 알았어요. 그런데 그 친구의 말을 계속 듣다 보니까 진심이라는 게 느껴지더라고요. 매초 심장이 덜컹거리고 있음에도 불구하고, 힘겹게 웃으면서 친구의 말을 들어줬습니다. 게다가 제가 짝사랑남과 꽤 친한 편이라서 친구한테 둘이 커플이 되도록 도와주겠다고 마음에도 없는 약속까지 해버렸네요. 꼬박 다섯 시간 동안 마음의 지옥을 경험했습니다.

절친이 밉거나 그 사람을 내 것으로 만들고 싶은 생각은 없어요. 그런데 제 마음이 너무 힘들어요. 5년 동안 조용히 바라만 보다가 최근에야 친해져서 내 맘을 한번 표현해 보자고 마음먹었는데, 이젠 그러지도 못하게 되었고, 그렇다고 해서 이 감정을 하루 아침에 접을 수도 없어서 친구한테도 미안해집니다.

절친이랑 제가 짝사랑하는 그 애를 비교하면, 누가 더 중요하다고 결정할 수 없을 만큼 두 명 다 저에게는 의미가 있는 사람들입니다. 한쪽이 깔끔하게 포기가 안 돼요. 저도 제 마음을 어떻게 다스려야 할지 모르겠네요. 카운슬링이 꼭 필요합니다.

서로가 서로에게 영향을 주고받는 연애는 결국 두 명의 팀플레이입니다. 객관적으로 좋은 짝을 찾는 것도 중요하지만 서로의 호흡이 더 중요하죠. 그래서 한 사람이 아무리 전력질주를 해도, 딱 반밖에 갈 수가 없습니다.

 오늘 상담은 성장통이라는 말로 화두를 꺼내야겠네요.

몸도 마음도 자라면서 고통이 뒤따릅니다. 당연한 이치죠. 우리가 근육을 키우는 원리도 원래 있던 근육을 찢고 그 근육이 회복되면서 더 커지고 강해지는 거랍니다. 바꿔 말하면 성장이란 원래의 상태를 파괴해야만 가능하다는 거죠.

태연 양은 지금 사랑의 성장통을 앓고 있습니다. 한 남자를 특별히 좋아한다는 감정. 태어나서 처음이죠? 그 감정이 별거 아니라고 폄하하고 싶은 생각은 전혀 없습니다. 순결만큼이나 소중하고 다이아몬드처럼 가치 있는 감정이죠. 오롯이 경험하세요. 우정과 사랑 사이에서 혼란도 겪어보시고 당혹감도, 배신감도 느껴보세요.

아마도 태연 양은 피하고 싶어서 상담을 요청하셨을 텐데 저는 피하지 말고 겪으라고 답을 드리겠습니다. 이 일을 겪고 나면 태연 양도, 태연 양의 마음도, 연애 세포도 더 커지고 건강해져 있을 겁니다.

음. 만약 저라면 남자를 택할 겁니다. 저는 살아오면서 늘 사랑이 1순위였던 사람이라서요. 물론 이런 태도도 부작용이 있긴 하죠. 자신에게는 당당하지만 주변에서 욕을 많이 먹는다는 게 함정.

이번 일로 태연 양의 성격과 가치관을 거울처럼 비춰볼 기회가 될 겁니다. '아, 나는 이런 사람이었구나' 하는 통찰 역시 연애를 통해 배울 수 있는 소중한 깨달음 중 하나랍니다.

✱ 연애에서 스킨십의 비중은 얼마나 될까요? 저는 '절대적'이라는 표현을 쓰고 싶네요. 하지만 우리는 그만큼 중요한 스킨십에 대해서 드러내 놓고 얘기하기를 꺼립니다. 조금 가볍게 스킨십에 관해 이야기해 볼까요?
Let's talk about it!

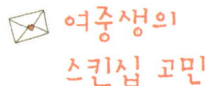
여중생의 스킨십 고민

김우주

저는 올해 중학교에 입학한 14살 여중생입니다. 학원에서 주최하는 캠프에 갔다가 한 살 많은 오빠에게 고백을 받아서 커플이 되었어요. 그런데 음 뭐라 해야 하지? 그 오빠가 좀 진도가 빨라요.

"우주야. 니 손 참 따뜻하다"를 시작으로 지금 사귄 지 100일도 안 되었는데 손도 잡았고, 다음은 어깨동무, 어제는 뽀뽀까지 했어요. 물론 오빠가 일방적으로 볼에 뽀뽀한 거지만요.

저도 싫은 느낌은 아니었는데, 뭔가 걱정스러웠어요. '앞으로 어떻게 해야 하나? 이래도 될까?'라는 생각이 들더라고요. 지금의 제 감정을 오빠에게 전해도 될까요?

먼저 고백하자면 우주 양의 메일을 받고 너무 귀여워서 웃음을 참지 못했습니다. 비웃음이 아니라, 정말 사랑스러운 뭔가를 목격했을 때, 예를 들면 아기의 재롱이나, 태어난 지 한 달 된 말티즈를 봤을 때 자동으로 나오는 그런 웃음이랄까요? 14살이라는 나이 때문에 이 사연 자체는 무척 귀여운 사연이 될 수밖에 없지만, 사실 우주 양은 연애에서 모든 인류의 근원적인 고민을 너무나도 솔직하게 꺼내주셨습니다.

진도.

그렇습니다. 연애에서 스킨십은 햄버거의 패티라고 할 만하죠. 비유가 저급했나요? 하여튼, 지금 우주 양과 똑같은 고민을 하고 있는 많은 분을 위해 우리의 남주, 이권양이 〈마성의 카운슬러〉에서도 상담을 하게 되는데 여기서 다시 정리해서 말씀드리죠.

진도. 그러니까 스킨십에 관해 정해진 기준은 없습니다. 유일한 기준은 남자든 여자든 자신의 판단입니다. 내가 정말 좋으면 만난 그 날에 잘 수도 있지만 내키지 않으면 연인 관계를 몇 년씩 유지하면서도 잠자리는 갖지 않는 경우도 있죠. 키스나 애무 등도 마찬가지이고요.

그러나 우주 양은! 14살입니다. 아… 아… 안 돼요. 성인에게는 많은 자유와 책임이 동시에 주어지지만 미성년자는 다릅니다. 아직 '판단력'이 충분히 길러지지 않았기에 보호를 받아야 할 대상이지요. 또 자신의 행동을 책임질 육체적, 정신적, 경제적 능력이 없기 때문에 더욱 자유로울 수 없습니다.

만약 우주 양이 제 딸이라면 중학교 때에는 손잡고 팔짱 끼는 것까지만 허락하겠네요. (그러면 아마 뽀뽀까지 하겠죠?)

그러면 우주 양뿐만 아닌 많은 성인들에게도 대체 왜 '진도'에 대한 고민이 생길까요? 우주 양이 사연에도 썼지만 남자와 여자의 정신적, 신체적 구조가 다르기 때문입니다. 가능한 한 많이 번식하려는 본능이 내재된 남자와 가능한 한 안전한 번식을 하려는 본능이 내재된 여자. 이 둘의 차이에서 점점 틈이 벌어진 거죠. 어렵나요? 가정 시간에 이런 것들을 가르쳐줘야 할 텐데. 그러나 이런 차이가 계속 이어지지는 않습니다. 30대가 넘어가면, 여자 쪽에서 더 적극적으로 스킨십을 요구하는 경우도 적지 않습니다. 40대가 넘어가면 이런 현상은 더 심해지죠. 호르몬과도 밀접한 관련이 있기 때문입니다.

그리고 여성분들은 임신을 신경 쓰지 않을 수 없죠. 학교에서도 배우겠지만, 두 번 들어서 나쁠 건 없으니 또 들어보세요. 스킨십이라는 놈의 속성은 앞으로만 간다는 겁니다. 손을 잡다 보면 뽀뽀를 하게 되고, 뽀뽀에서 키스로, 그리고 키스에서 %#&*)*^*^#$@@&^&… 순식간이죠. 결혼하기 전까지 안전한 섹스(피임)는 아무리 강조해도 지나치지 않답니다. 이런 문제는 부모님하고 상담하는 게 제일 좋긴 하지만…. 하여튼, 그 오빠(그 친구 역시 어리긴 마찬가지지만)한테 이렇게 얘기하세요.

"나는 아직 너무 어리고 보호받아야 할 나이니까 마음이 불편할 정도의 스킨십은 하지 않았으면 좋겠다."

오빠의 스킨십을 거절하기가 쉽지 않죠? 하지만 거절하는 것도 살아가면서 꼭 필요한 덕목이랍니다. 줏대 없이 휘둘리는 여자보단 거절해야 할 때 거절할 줄 아는 여자가 훨씬 더 매력적이기도 하고요. 우주 양의 귀엽고 반짝반짝한 첫사랑이 좋은 기억으로 남기를 바랄게요.

> 유난히 어린 친구들의 상담이 많았던 챕터였습니다. 하지만 우리 어른들이 다른 각도에서 연애를 돌아보게 만드는 부분도 많았던 것 같은데, 어떠셨나요?
> 다음 챕터에서는 좀 더 진도를 나가보죠. 특히 모태솔로 분들이 주목해야 할 챕터!
> <나만 항상 연애가 어려운 이유>랍니다.

CHAPTER 3

나만 항상
 연애가
어려운 이유

연애의 가장 큰 장애물

'어떤 애들은 밥 먹듯이 연애를 하는데 나는 왜 이렇게 연애가 힘들지?' 하는 분들 계시죠? 사실 세상 모든 일에는 장애물이 있습니다. 장애물이 크든 작든 그것은 항상 존재하죠. 공부, 일, 사업, 운동, 우정, 가족… 다 마찬가집니다. 그럼 연애의 가장 큰 장애물은 무엇일까요? 외모? 지성? 재력? 연애 스킬? 글쎄요. 연애라는 것은 다른 일과 달리 마음이 움직여서 벌어지는 사건입니다. 마음에서 시작해 마음으로 끝나죠. 우리의 마음이 연애의 가장 큰 원동력이자 동시에 가장 큰 걸림돌이 됩니다.

연애를 시작하는 단계에는 우리 마음에서 호기심이란 놈이 등장합니다. 모든 연애는 상대를 궁금해하면서 시작된다고 해도 과언이 아니죠. 호기심처럼 연애에 긍정적인 역할을 하는 마음이 있는가 하면 연애 감정을 가로막는 훼방꾼도 있습니다. 가장 대표적인 녀석이 콤플렉스죠.

우리가 흔히 말하는 콤플렉스는 수많은 종류의 콤플렉스 중에서 '열등감'이라는 개념이 분화되어 나온 것으로 보입니다. 인간은 누구나 신체적, 심리적, 사회적 조건 등 다양한 원인에서 열등감을 가지게 됩니다. 초기 정신분석학자인 알프레드 아들러는 이렇게 말했죠.

'열등감을 보상하려고 노력하는 과정에서 그 사람의 생활양식이 형성된다. 그런데 보상될 수 없는 열등감이나 과도하게 보상된 열등감이 있으면 인격의 왜곡이 생긴다.'

아들러가 말한 인격의 왜곡 중 한 가지가 우리가 흔히 말하는 피해의식이라는 겁니다. 피해의식이란 쉽게 말해 피해자의 역할을 자처하는 마음입니다. 과거의 상처나 절망으로 인한 정신적 결핍에서 생긴 피해의식은 자기 책임을 다른 사람에게 떠넘기려는 태도로 나타납니다. 가정환경을 탓하고, 헤어진 연인을 탓하고, 세상을 탓하면서 자신은 항상 피해자라는 생각을 가지는 거죠.

연애의 가장 큰 장애물로 작용하는 열등감과 피해의식—여기서는 좀 더 넓은 뜻을 가진 '콤플렉스'라고 쓰도록 하겠습니다—을 다스릴 수 있다면 우리의 연애는 어떻게 변할 수 있을까요? 자, 그럼 콤플렉스로 대표되는, 연애의 적들을 만나러 가볼까요?

✱ 어디서든 항상 당당한 모습이지만, 연애 상대 앞에만 서면 자꾸 주눅이 들고 소심해지는 분들이 있습니다. 왜 스스로 한계를 설정하고 비관적인 결과로 연애를 이끌어 갈까요? 그 문제가 무엇인지 함께 찾아보시죠.

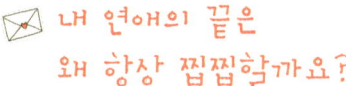
내 연애의 끝은
왜 항상 찝찝할까요?

김사랑

네 살 연하와의 연애. 처음에는 상큼했습니다. 그는 스펙도 나쁘지 않았어요. 직장은 대기업이며 183cm의 훤칠한 키에 스타일도 좋았고, 집안도 괜찮아서 가정교육 잘 받은 도련님 같았죠. 모든 게 맘에 들었어요. 드디어 33살 제 인생에도 꽃이 피는 것 같았습니다.

밥 먹고, 차 마시고, 맥주 한잔 하고, 첫 만남은 무난하게 흘러갔습니다. 얘기가 너무 잘 통해서 다섯 시간이 어떻게 지나갔는지도 몰랐어요. 그러다 두 번째 만남에서 갑자기 노래방에 가자고 조르더라고요. 근데 노래를 부르면서 어깨동무는 기본, 제 허벅지에 슬금슬금 손이 올라오는 것도 모자라, 아예 제 허벅지 위로 벌렁 누워 버리더라고요. 사실 전 조금 신중한 성격이에요. 사귀지도 않는 사이에 과한 스킨십은 별로라고 딱 잘라 말했더니, 울상이 되어 미안하다는 말만 되풀이하더라고요. 진심이 느껴져서 용서했습니다. 울상인 얼굴이 귀엽기까지 했어요. 그렇게 몇 번의 만남 끝에 저희는 사귀게 되었습니다. 사귄 지 얼마 되지도 않았는데, 남자친구가 그러더라고요. 제가 자기 인생의 마지막 여자가 되었으면 좋겠다고요. 솔직히 헛웃음이 나왔어요. 어린애의 오버 같기도 했고요.

남자친구에게 말하지는 못했지만, 사실 제가 상처가 좀 많아요. 이전 남자친구들한테 데인 것도 있고, 아빠가 바람을 피워서 가정이 깨질 뻔한 적도 여러 번이라 기본적으로 남자를 믿지 않습니다. 물론 그걸 남자친구에게 다 말하지는 않았지만, 제 행동에서 은연중에 티가 났겠죠? 도도한 제 모습에 매력을 느꼈다고 했으니까요.

그런데 시간이 지날수록 상황은 역전되었습니다. 이제까지 만난 남자 중에 이런 사람은 없었던 것 같아요. 남자친구는 기본적으로 저랑 성격이 정말 잘 맞았고, 속궁합도 최고였습니다. 그래서 제 맘이 점점 더 커지고 있었어요. 그를 만나다 보니 결혼해서 이 사람을 독차지하고 싶은 맘이 들더라고요.

그런데 커지는 마음과는 반대로, 막상 그 뒤에 현실적으로 벌어질 일들을 생각하니 골치가 아파지기 시작했습니다. '연하 남자친구 모임에 가면, 나이 많다고 늙은이 취급받지는 않을까?', '연하 남자친구의 가족들이 날 맘에 들어 할까?', '얘 마음이 언제까지나 변하지 않을까?'···.

그리고 남자친구의 주변 사람들한테 절 소개할 때 그다지 내세울 게 없는 스펙이라는 것도 자존심이 상하고, 미래에 대한 희망도 없어 보였습니다. 사실 남자친구는 연락하는 여자들도 많고 인기가 많은 편이었거든요. 이 사람과의 연애만 아니라면 저도 능력 있는 커리어우먼이고, 외모도 어디 가서 빠지는 것도 아닌데 남자친구 앞에만 서면 한없이 작고 초라해지기만 하더라고요.

그러던 어느 날 제가 감기몸살이 너무 심해서 연차까지 내고 끙끙 앓고 있었어요. 밤늦게 돼서야 남자친구한테 전화가 오더라고요. 다 죽어가는 목소리로 전화를 받았는데, 남자친구가 하는 말이 "튼튼한 줄 알았는데, 약골이었네"가 전부였어요. 아프니까 섭섭함이 배로 커졌습니다. 저는 내심 죽이라도 사 들고 달려오길 바랐는데, 죽은커녕 자기는 지금 헬스장에서 운동한다며 내일 뭐 할지만 떠들어대는 거예요. 그런 남자친구의 행동에 크게 실망했습니다. 그동안 속삭였던 달콤한 말들이 다 거짓처럼 느껴졌어요. "병원은 다녀왔어?"라는 말조차 묻지 않는 남자는 필요 없다는 단호함이 생겼습니다.

"우리 헤어지자."
"뭐? 갑자기 왜 그래?"
"아플 때 걱정조차 해주지 않는 남자한테서 더 뭘 기대하겠니? 사실 그동안 널 만나면서 한편으로는 괴로웠어. 니가 좋아질수록 난 더 큰 미래를 꿈꿨지만 넌 아닌 것 같더라. 나만 상처받는 연애는 이제 싫어."

솔직히 한 번쯤은 잡아주길 바라고 지른 것도 있는데, 남자친구는 쿨하게 오케이를 하며 절 떠나갔습니다. 결국 이번 연애도 찜찜하게 끝이

나고 말았어요. 왜 저는 남자만 만나면 자존감이 땅굴을 파는 걸까요? 초반에는 밀당도 잘하는데, 제 맘이 커질수록 점점 비굴해지는 저 자신이 너무 싫어요. 몹쓸 놈의 자격지심 때문에 한 남자를 놓친 거란 생각에 괴롭습니다.

사랑 씨 고민의 근원은 야속한 연하남친이 아니라 사랑 씨 본인의 콤플렉스입니다. 콤플렉스에 관한 이야기를 좀 자세히 해보죠. 그다음에 사랑 씨 카운슬링을 해 드릴게요.

세상에 콤플렉스 없는 사람은 없습니다. 저도 콤플렉스가 많은 사람이고요. 콤플렉스 따위는 절대 없을 것 같은 사람들도 다 자기만의 콤플렉스를 갖고 있습니다. 중요한 건 콤플렉스를 어떻게 다루느냐입니다. 사람들이 콤플렉스를 다루는 방식은 크게 세 가지입니다.

1 콤플렉스에 끌려다닌다

주변에 보면 하루에도 몇 번씩 거울에 비친 자기 외모를 못마땅해 하는 사람, 자기가 다니는(졸업한) 대학교를 최대한 안 밝히려고 숨기는 사람, 실제보다 돈이 많은 척 꾸미고 다니거나 과시용 소비를 하는 사람 등을 볼 수 있죠. 이런 경우가 여기 해당합니다. 말 그대로 콤플렉스에 휘둘려서 정신건강과 일상생활이 침해당하는 상황입니다.

2 콤플렉스를 외면한다

자기 콤플렉스를 알고 있지만 아예 그 생각을 하지 않으려고 하는 경우죠. 병이 있는데도 숨기고 사는 것과 비슷합니다. 사랑 씨의 경우가 바로 여기에 해당합니다. 이 경우, 보통은 평온하게 잘 지내다가 적당한 사건이나 상황에 맞닥뜨리면 바로 문제가 생깁니다. 마치 숨어 있던 바이러스가 활동하듯 콤플렉스가 발현되는 거죠.

3 콤플렉스를 인정한다

콤플렉스를 받아들이는 사람들도 있습니다. 이들은 콤플렉스와 함께 공존하는 방법을 찾아냅니다. 보통은 콤플렉스를 극복한다는 표현을 쓰지만, 저는 이 경우에 공존이라는 표현을 쓰고 싶습니다.

그럼 어떻게 하면 콤플렉스를 극복, 또는 공존할 수 있을까요? 콤플렉스와 피해의식을 극복하는 데 필요한 조언을 담은 책은 참 많이 있습니다. 하지만 이 책은 연애 카운슬링 책이므로 연애와 관련한 부분만 설명할게요.

제 친구의 경우를 예로 들어보죠. 외모 콤플렉스와 학벌 콤플렉스를 동시에 가진 친구가 한 명 있었습니다. L군. 남자 평균 정도의 키와 체격의 소유자인 L은 자기 얼굴과 피부를 항상 못마땅해 했습니다. 지나가는 말로도 자기는 여자들이 별로 안 좋아할 인상이라는 얘기를 자주 했죠. 거기에 공부를 별로 잘하지 못해서 스스로 3류 대학 출신이라고 자주 표현했죠. 물론 아주 친한 사이의 친구에게 토로하듯 말할 때만 그랬고 다른 사람들 앞에서는 자기 외모나 출신 대학 이야기는 절대로 꺼내지 않았습니다. 특히 여자 앞에서요.

사실 그 친구에게는 여자들이 좋아할 만한 점도 몇 가지 있었습니다. 유치하지 않고, 어른스러운 면모도 있었고, 사업을 크게 하는 아버지 덕분에 집안의 재산은 수백억대, 본인이 이미 상속받은 재산만 수십억에 달하는 경제적으로 여유 있는 친구였어요. 그 친구의 연애 패턴은 항상 같았어요. 여자를 만나면 경계심을 갖고 시작을 합니다. 여러 명의 여자친구가 있었지만 그가 여자친구를 완전히 믿는 걸 본 적이 없어요. 그렇게 거리감과 의심을 깔고 연애를 몇 달 하다가 헤어집니다. 그리곤 저한테 와서 토로하는 거죠.

"여자가 나를 호구로 아는 것 같아. 사실 나를 별로 좋아하지도 않으면서 나하고 결혼해서 한 몫 잡으려는 것 같아. 미리 헤어지길 잘했어."

이런 패턴이 여러 번 반복되다 보니 항상 여자를 만나다가 헤어지면 본인은 돈을 뜯긴 피해자라며 억울해하고 여자에 대한 불신만 커졌었죠. 그러면서 이 친구는 어느 순간부터는 자신과 자기 집안의 재력을 뒤로 감추고 여자를 만났습니다. 자기 나름으로는 여자에게 당하지 않는 방법이라고 생각했던 거죠. 재산만 보고 접근하는 여자를 차단하려는 방법이랄까. 심지어 소개팅을 할 때도 그가 부자라는 사실은 절대 말하지 말라고 주선자에게 당부할 정도로요. 그런데 그 결과는? 연애가 아예 뚝 끊겨버렸죠. 보다 못한 제가 충고해 줬습니다.

"사람은 누구나 이성에 대해 강점이 있고 약점이 있어. 지금 너는 약점을 내세우고 강점을 뒤로 빼는 바보 같은 짓을 하고 있어. 그 반대가 되어야지."

그 친구는 난감하다는 표정으로 말했습니다.

"그럼 다시 여자들이 돈만 보고 접근할 텐데?"

"그게 뭐가 나빠?"

"뭐라고?"

"너도 예쁜 여자를 좋아하잖아. 여자들이 재력이 있는 남자를 좋아하는 게 뭐가 이상하지?"

"그래도 그건 좀…."

"너의 피해의식이야. 재력도 너의 일부분이야. 니가 불법적으로 갈취한 돈도 아니고 합법적으로 상속받은 재산이잖아. 너의 돈을 보고 좋아하는 여자들도 넓게 보면 널 좋아하는 거야."

"정말 그럴까?"

"여자들이 돈만 보고 접근한다는 피해의식을 버리고 차라리 여자들한테 재력을 어필해. 일단 차부터 바꾸고 여자들이 좋아하는 브랜드로 옷도 싹 바꿔. 체크 남방에 청바지 좀 그만 입고."

"그런데 여자가 내 재산만 좋아하고 난 안 좋아하면 어떡하지?"

"누군가를 좋아한다는 건 어느 한 부분에서 시작되는 거야. 하지만 점점 상대를 알아 갈수록 다른 부분으로 호감이 넓어지지."

"그렇긴 하지만…."

"그리고 정 그렇게 신경 쓰이면 재산 관리에 계속 신경 써서 앞으로도 계속 부자로 살면 되잖아. 그럼 여자도 널 계속 좋아할 테니."

"그렇게까진 생각 못 했어."

"잘생긴 얼굴은 언젠간 늙지만 부자는 죽을 때까지 부자일 수 있어. 널 위로하는 말을 하자면 잘생기고 돈 없는 남자보단 못생기고 돈 많은 남자가 길게 보면 훨씬 유리할지도 몰라."

저의 적극적인 조언에 따라 그 친구는 이렇게 했습니다. 아빠에게 물려받은, 10년 넘은 그랜저XG를 처분하고 흰색 BMW 5시리즈로 차를 바꾸었습니다. 제 눈에는 다 똑같아 보였던 수십 벌의 체크무늬 남방을 전부 버리고 백화점에서 옷을 싹 샀습니다. 제가 브랜드도 딱 세 개를 골라 주었죠. 아르마니 익스체인지, 돌체 앤 가바나, 디스퀘어드. 그리고 헬스클럽에서 PT를 받으면서 몸을 좀 단단하게 만들라고 했습니다. 나중에 만난 L에게서 그전의 주눅 든 남자는 찾아볼 수 없었습니다. 저는 결정적인 조언을 해주었죠.

"앞으로 여자들하고 말할 때는 꼭 자학 개그를 해."

"자학 개그?"

"니 외모, 그리고 학교 다닐 때 공부도 못 했다는 얘기를 농담처럼 슬쩍 흘려."

"그럼 여자들이 싫어하잖아!"

"예전의 너라면 싫어하겠지. 하지만 BMW 5시리즈를 타고 디스퀘어드 진을 입고 아르마니 셔츠를 걸친 탄탄한 몸의 남자가 그런 얘길 하면 유머러스하다고 생각해. 더 중요한 건!"

"더 중요한 건?"

"니가 그런 농담을 해야 니 마음속 콤플렉스와 피해의식이 사라진다는 거야. 날 믿고 그렇게 해봐."

그 친구가 반신반의하길래 저는 다른 여자들과 동석한 자리에서 제 입으로 녀석이 죽도록 싫어하던 콤플렉스들을 농담거리로 꺼냈습니다. 녀석은 부끄러워서 고개를 들지 못했지만 여자들은 그런 녀석을 보며 귀엽다는 둥, 재미있다는 둥 호감을 표시하더군요. 그 뒤, 녀석도 종종 자기비하 개그를 하더니 아예 멘트의 고정 레퍼토리로 삼더군요.

그리고 어떻게 되었느냐고요? 녀석은 인기남이 되었습니다. 몇 번의 짜릿한 연애 끝에 지금은 결혼해서 딸 둘을 낳고 잘 살고 있어요. 제 친구의 예에서도 알 수 있듯이 콤플렉스를 극복, 공존하기 위해서는 제일 먼저 스스로 인정해야 합니다. '나는 이런 콤플렉스, 이런 피해의식이 있어'라고요. 스스로에게 솔직해져야 합니다.

그다음은 그 콤플렉스를 덮을 수 있는, 또는 그 콤플렉스와 상관없는 자신의 장점을 강화해야 합니다. 제 친구 L군에게는 재력이었는데 어떤 사람에게는 유머, 어떤 사람에게는 친화력, 어떤 사람에게는 외모, 어떤 사람에게는 성실함 등 자기 자신만의 비교 우위가 있겠죠.

마지막으로 콤플렉스를 드러내야 합니다. 그 방법은 자학 개그 식의 유머일 수도 있겠고 연인에게 진솔하게 고백하는 방법도 있겠네요. 이 부분이 괴롭죠. 그러나 이 단계를 거쳐야만 완전하게 콤플렉스로부터 해방될 수 있습니다. 숨기다 보면 언젠가 다시 고개를 드는 끈질긴 놈이 콤플렉스랍니다. 콤플렉스를 극복하는 순서, 다시 정리해 볼까요?

1 콤플렉스를 스스로 인정한다.
2 이성에게 어필할 만한 나의 장점을 발전시킨다.
3 콤플렉스를 드러낸다.

다시 사랑 씨 사연으로 돌아가서 보면, 이렇게 쓰셨어요.

'남자친구의 주변 사람들에게 저는 그다지 내세울 게 없는 그런 스펙인 게 자존심도 상하고 미래에 대한 희망이 없어 보였어요', '제가 상처가 많아요. 연애 상처도 있고 가정문제도 있고'… 이 부분이 바로 사랑 씨의 콤플렉스입니다. 반대로 사랑 씨가 스스로에 대해 장점이라고 생각하는 부분도 있었죠.

'연애만 아니면 저도 벌 만큼 벌고 제 일 열심히 하고 그렇게 못생기지 않은 사람인데….' 대단한 강점이죠. 경제적으로도 독립적이고, 외모에도 어느 정도 자신이 있는 여자라니. 제 주변에 보면 사랑 씨처럼 실연의 아픔이나 가정 문제가 있는 여자들이 많이 있어요. 어떤 분들은 사랑 씨처럼 콤플렉스에 짓눌려 살지만 또 어떤 분들은 쿨하게 드러냅니다. 농담으로 말하기도 하고요. 당연히 후자인 분들이 더 행복하게 지내시고 연애도 잘하시더라고요. 제가 아는 여동생 중에는 딱 봐도 배가 나왔는데 대신 자기는 은근 가슴도 크다며, 뱃살 빼면 가슴도 작아질까 봐 일부러 안 빼고 있다는 귀여운 개그로 콤플렉스를 승화하는 귀염둥이가 있습니다. 남자들에게 보통 인기녀가 아니랍니다.

제가 말은 쉽게 했지만, 슬픔을 이기는 것이 쉽지 않듯 콤플렉스와 공존, 극복하는 일도 쉽지 않습니다. 그러나 막상 하고 나면 완전히 달라진 자신과 대면하게 되실 겁니다. 연애도 훨씬 더 잘 되실 거고요. 설령 연애를 하다가 이별을 하더라도 사랑 씨가 말한 것처럼 '왜 저는 사랑에 빠지기만 하면 자존감이 한없이 낮아지는 건가요', '초반엔 밀당 잘하다가 점점 헌신모드, 난 빠졌어요 모드로 가는 저 자신이 너무 싫어요'… 이런 식의 피해의식은 사라질 겁니다.

▶ 사랑 씨의 사연, 많이들 공감하셨나요? 자신이 콤플렉스·피해의식의 정도가 심각하다고 생각하시는 분들은 아야 헤릅스트의 <피해의식의 심리학>을 한번 읽어 보세요. 도움이 될 테니까요. 바로 이어서 좀 더 심각한 사연을 함께 보도록 할게요. 김효진 씨의 케이스입니다.

✱ 보통 스무 살 때쯤, 그러니까 대학교에 들어가고 나면 모태솔로에서 벗어나며 서툴게나마 한두 번의 연애를 경험하게 되지요. 그런데 20대 중반에도, 심지어 20대 후반에도 남자하고 키스 한 번 안 해본 모태솔로들도 분명히 있습니다. 그런 분들은 다음 사연에 주목해 주세요.

✉ 연애까지는 바라지도 않습니다!
썸이라도 타고 싶어요.

이세영

모태솔로라는 단어를 누가 만들었는지 정말 니킥을 날리고 싶네요. 왜냐구요? 제가 바로 그 모태솔로거든요. 모태솔로의 종류도 두 가지로 나뉜다죠? 주변에 남자가 많은 모솔, 남자라고는 씨가 마른 모솔. 저는 첫 번째 케이스입니다.

남녀공학을 나와서 주변에 아는 남자들은 많은데, 27살이 되도록 그 남자들과는 그저 친한 친구, 동생, 오빠로만 지내고 있습니다. 솔로 기간이 하도 길어지다 보니 요즘은 이런 생각도 들어요. '내가 여자로서 매력이 없나?' 근데 얼마 전 친한 오빠와 술을 마시다가 이런 소리를 들었어요. 제가 너무 벽을 치는 것 같다고요. 맞는 말이긴 합니다.

저는 남자가 호감을 표현해도 눈치를 잘 못 채고, 눈치를 챈다고 해도 그걸 자연스럽게 이어나가질 못하겠어요. 친한 사이에서 썸 타는 사이까지 발전하는 게 어렵게 느껴진다 할까요? 관심이 가는 사람에게도

'내가 먼저 카톡 하면 얘가 뭐라고 생각할까?'라는 생각이 들어서 망설여지고요. 저에게 격한 호감을 보이는 남자는 부담감이 들어서 연락을 끊어버리게 돼요.

친한 친구들은 제가 상처받을 걸 미리 두려워해서 그렇다며, 제발 자존심 좀 내려놓으라고 하는데 그게 잘 안 됩니다. 어떻게 해야 제가 남자와의 관계를 발전시켜서 솔로를 벗어날 수 있을까요? 관심 가는 남자에게 때론 과감히 먼저 연락해서 만나자고 하는 여자가 되고 싶은데, 참 어렵네요.

많은 분들이 비슷한 경우로 고민하곤 하죠. 이런 경우 수많은 원인을 짐작하게 됩니다.

'내가 매력이 없나?'

'혹시 난 이성에게 매력을 못 느끼나?'

'왜 내 주변에는 괜찮은 남자(여자)가 없을까?'

하지만 이런 식으로 생각해선 답이 안 나옵니다. 세영 씨의 글을 잘 읽어 보면 해답이 있지요.

"남자가 호감을 표현해도 눈치를 잘 못 채고, 눈치를 챘다고 해도 그걸 자연스럽게 이어나가질 못하겠어요. 친한 사이에서 썸 타는 사이까지 발전하는 게 어렵게 느껴진다 할까요? 관심이 가는 사람에게도 '내가 먼저 카톡 하면 얘가 뭐라고 생각할까?'라는 생각이 들어서 망설여지고요. 저에게 격한 호감을 보이는 남자는 부담감이 들어서 연락을 끊어버리게 돼요."

여기에 해답이 있습니다. 세영 씨는 연애를 지나치게 심각하게 생각하고 있습니다. 연애를 스마트폰 게임을 하듯 지나치게 가볍게 여기는 사람들도 문제지만 세영 씨처럼 너무 심각하고 어렵게 생각하는 것도 문제입니다. 일단 두 가지만 고쳐 보면 어떨까요?

1 상대가 나를 어떻게 생각할지 걱정하지 말기
2 마음에 드는 상대가 있으면 '무조건' 대시해보기

그거 아세요? 연애는 마인드의 문제라고 생각하기 쉽지만 사실 연애는 습관의 문제입니다. 마인드가 바뀌면 이성을 대하는 습관도 바뀌거든요. 주변에 남자친구(여자친구)를 숱하게 바꿔가며 잘도 연애하는 친구들 있죠? 연애 습관이 세영 씨와 다를 겁니다.

제가 이야기한 위 두 가지 습관은 사실 '연애를 스마트폰 게임처럼 하는' 사람들의 습관 중 일부입니다. 카사노바 스타일, 내숭 스타일, 나대는 스타일, 꼬리 치는 스타일 등. 이런 사람들도 또 저마다 스타일들이 다 다르죠.

일반적으로는 이런 습관이 결코 좋지 않지만, 세영 씨에게는 심각한 모태솔로 상황을 벗어나기 위한 극약 처방이라고 생각하세요. 27살이라고 하셨죠? 냉정하게 들릴지 모르겠지만 남자고 여자고 그 나이쯤 되면 한 해 한 해 연애가 더 까다로워집니다. 서른 살이 되어서도 똑같은 고민 사연을 쓰기 싫다면! 위에 제가 말한 두 가지를 실험적으로라도, 일부러라도 자꾸 해보세요.

좋아하는 남자에게 들이댔다가 차이면, 3일 정도는 매일 밤 머리를 쥐어뜯으면서 자책하게 될 거예요. 하지만 석 달만 지나도 기억에서 가물가물할 겁니다. 3년이 지나면 내가 누구한테 대시를 했었는지 기억도 잘 안 나요. 하지만 만약 아무 말도 없이 넘어갔다면 "그때 고백 좀 해볼 걸" 하며 평생 후회가 남게 됩니다. 후회보다는 후련함이 낫잖아요. 시원하게 대시하고, 시원하게 차이더라도 일단 용기를 내세요.

제가 장담할 수 있는 것 하나는 이겁니다. 만약 세영 씨가 '시작'에 성공한다면 아마 연애의 재미에 푹 빠질 겁니다. 내가 이 좋은 걸 27살 될 때까지 안 했단 말이야? 자책하면서요. 아마 남자 킬러가 될지도 몰라요. 뒤늦게 그런 경우 참 많이 봤습니다.

"여자는 꽃이야. 나비가 날아들 때까지 가만히 있어야 해. 여자는 나대면 매력 떨어져."

독자님들 중에서도 이런 마인드를 갖고 계신 분이 있다면 연애 확률은 반으로 줄어듭니다. 요즘 젊은 남자들이 급속도로 소극적으로 바뀌고 있거든요. 용기 있는 자가 미인을 차지한다는 말 대신 이렇게 말해봅시다.

"용기 있는 여자가 훈남을 차지한다."

✱ '착한 딸 딜레마'라고 들어 보셨나요? 연애를 앞두고 자꾸 부모님 생각, 가족 생각에 머뭇거리게 된다고요? 내가 지금 한가롭게 연애나 할 상황이 아닌데… 라며 고민하는 분들 많이 봤습니다. 과연 김효진 씨에게는 어떤 사연이 있을까요?

✉ 가족 vs 연애, 어떡해야 할까요?

김효진

제 나이 스물아홉, 벌써 어엿한 7년차 직장인으로 살아가고 있습니다. 친구들은 "너 일한 지 오래됐지? 결혼 비용 엄청 많이 모았겠다" 라고 하는데, 정작 저는 대답할 말이 없어서 어물쩍 넘어가고 맙니다.

사실 아직 남자친구는 없어요. 이제까지 스무 번 정도 소개팅을 했는데, 남자 만나는 게 쉬운 일이 아니더라고요. 소개팅이란 게 늘 그랬어요. 제가 또 만나고 싶은 사람은 연락이 없고, 제 맘에 들지 않는 사람한테만 애프터가 오는 이상한 법칙이 존재하더군요. 아무튼 그래서 남자친구도 없지만, 요즘은 아예 깔끔하게 연애와 결혼을 포기하는 게 나을 것 같다는 생각이 들어요.

사실 저희 집 형편이 좋지 않습니다. 부모님 두 분 모두 생산직 근무하다 만나서, 평생을 소처럼 일만 하셨어요. 그래서인지 제가 대학교 2학년 때부터 아빠가 계속 아프셨습니다. 원인도 알 수 없었어요. 이유

없이 계속 끙끙대기만 하셨거든요. 지금 생각해 보면 마음의 병이었던 것 같아요. 아무튼 작년에 특히 상태가 안 좋으셔서 대학병원 정신과에도 두 달 정도 입원하셨고, 그래도 차도가 없어서 넉 달 정도를 절에서 요양하셨습니다. 불교의 힘인지, 아니면 마음의 안정을 찾아서인지, 다행히 지금은 건강해지셨어요. 저는 이것만으로도 더할 나위 없이 감사합니다.

부모님이 지금까지 저희 삼형제 키우느라 모아 놓은 돈이 거의 없으세요. 언니는 아버지를 간호하다가 대기업 취업을 포기하고 학원 강사를 하고 있고요. 제 동생은 중학교 때까지는 전교 1등을 도맡아 하다가 집안 분위기가 이러니 맘을 잡지 못하고 자퇴해서 검정고시를 치고 사이버대학에 진학했어요. 아버지가 아플 때, 남동생이 정말 많이 고생했어요. 아버지를 따라 절에 들어가서 넉 달 동안 곁에서 보살피기도 했습니다. 그때 아버지의 증상이 치매 노인과 비슷했는데, 간호하던 동생이 많이 지쳐서 자살까지 하려고 했다고 얼마 전에야 엄마가 털어놓으시더라고요.

이게 저희 집 상황입니다. 딱 봐도 직업이 제일 안정된 제가 나서서 부모님을 도와야 하는 상황인데 전 자꾸 현실을 외면하게 돼요. 그동안 죄책감을 느끼면서도 제가 나서서 돕진 않았어요. 힘든 현실에 고개를 돌리고, 저만 행복해지고 싶었나 봐요. 참 이기적인 딸이죠.

제 직장 특성상 내년에 부모님이 계신 지역으로 이동할 수 있는데요. 부모님과 함께 살려면 제가 대출을 받아서 보금자리를 마련해야 할 것 같아요. 지금 집은 소형아파트라 함께 살 방이 없거든요.

　이런 저, 사람 만나는 걸 우선 포기하고 부모님을 봉양하는 게 맞겠죠? 그러다 보니 소개팅하는 것도 무의미한 것 같네요. 괜히 소개팅해서 잘되면 뒷일은 어쩌나 하는 생각이 앞서요. 저희 집안의 부담을 누군가에게 나누어 주는 것도 싫거든요.

　누구나 다 한 번쯤 겪는 사랑이라는 거, 전 정체도 모르겠어요. 이러다 사람도, 사랑도 모르는 빈껍데기 중년이 될까 봐 두렵지만 또 한편으로는 어쩔 수 없는 일이란 생각도 드네요. 답답한 마음에 메일 보내 봅니다. 답장 안 주셔도 그러려니 할거고요. 혹시나 읽어주셨다면 감사하다는 말씀 전할게요.

보통의 사람들보다 힘든 짐을 많이 갖고 살아온 효진 씨에게 따뜻한 위로를 드리고 싶네요. 고생하셨고, 착하게 사셨어요. 토닥토닥. 하지만 칭찬은 여기까지.

이건 연애상담이기에 연애를 중심에 놓고 말씀드리자면 효진 씨는 아주 위험한 방향으로 걸어가고 있습니다. 지금 효진 씨가 발을 들여놓으려는 길은, 초입은 그럴듯해 보이나 결국 멀리 못 가고 막힌 벽에 맞닥뜨릴 겁니다. 돌아가려고 해도 미로는 너무 멀고 복잡하다는 걸 깨닫게 되죠. 이유가 뭐냐고요? 우리의 생이 유한하고, 우리는 생각보다 빨리 늙고 약해지기 때문입니다. 바로 효진 씨의 심리 기저에 무겁게 깔린 '부모님'에 대한 이야깁니다. 효진 씨가 쉽게 남자를 받아들이지 못하는 이유는 부담 때문입니다. 마음 깊은 곳에, '우리 부모님이 지금 이런 상황인데 내가 한가하게 연애나 해도 되나?' 이런 무의식이 떡하니 자리 잡고 있는 거죠. 부모 때문에 연애를 포기한 사람들치고 행복한 사람을 본 적이 없습니다. 연애와 결혼은 절대로 불효가 아닙니다. 설령 연애를 하고 결혼을 하면서 부모님에게 드릴 지원이 줄어들거나 함께 보낼 시간이 줄어든다 해도, 최악의 경우 남편을 따라 외국에 나가야 한다 해도, 그건 어쩔 수 없는 일입니다. 당연히 그래야 하고요.

원래 착한 심성을 가진 사람들이(효진 씨는 '저 안 착한데요?'라고 반문하겠지만) 지금 효진 씨 같은 함정에 잘 빠지곤 합니다. 저는 그 경우를 '착한 딸 딜레마'라고 부릅니다. 효진 씨 같이 착한 딸은 어떻게든, 어느 상황에서건 할 수 있는 최고의 효도를 하려고 노력할 겁니다. 그거면 됐어요. 제가 오래전에 쓴 성장 소설 〈압구정 소년들〉 중에 이런 문장이 나옵니다.

"끝내야 할 때 못 끝내면 인생이라는 기차는 멈춰버려."

부모님을 버리라는 얘기가 아닙니다. 이제 효진 씨의 마음에서 부모님이 차지한 위치를 옮겨야 한다는 얘깁니다. 불효를 하라고 부추기는 것 같이 느껴질 수도 있지만, 효도의 차원에서 봐도 궁극적으로 이게 효도하는 길입니다. 10년쯤 뒤, 마흔의 나이에 부모님과 함께 늙어가는 효진 씨의 모습을 보면 부모님이 행복할까요? 반드시 결혼을 하라는 얘기도 아닙니다. 다만 남자와의 거리도 좁히지 못할 정도로 효진 씨의 무의식을 가득 메우고 있는 부모님에 대한 부담과 죄의식을 덜어내란 겁니다.

효 진 씨 잘 못 이 아 니 에 요!

효진 씨가 쓴 글 중 일부를 보면, "사람 만나는 걸 우선 포기하고 부모님을 봉양하는 게 맞겠죠? 소개팅하는 것도 무의미한 것 같네요. 잘 안 들어오기도 하고요. 괜히 소개팅해서 잘되면 뒷일은 어쩌나 하는 생각이 앞서요"라며 정말 최악의 선택을 하기 일보 직전이시군요.

'우선'이라고 했는데, 그럼 언제 다시 사람을 만나시게요? 효진 씨, 지금 29살이라고 했잖아요. 30대 중반에? 40대 초반에? 부모님을 걱정하고 힘닿는 데까지 금전적으로 도와드리고 자주 연락드리고 찾아뵙는 것까지는 좋지만, 연애를 포기하고 스물아홉 나이에 지방으로 내려가 부모님을 모시고 사는 결정은 결사반대입니다. 때론 아픈 결정, 이기적인 결정도 내려야 합니다. 그래야 인생이라는 기차가 멈추지 않습니다.

그리고 마지막으로 첨언. 효진 씨는 연애에 대한 걱정이 너무 많군요. "결국 이러이러해서 이러이러하게 될 텐데 아예 시작을 안 하는 게 나아." 이런 식이에요. 우리는 모두 아주 짧은 삶을 살고 죽습니다. 그러니 살아 있는 동안 더 열심히, 과감하게, 마음껏 살아야죠. 자칫 인생 전체를 대하는 태도가 비관주의로 흐르기 전에 부디 생각을 돌려 '자신'이 중심에 선 인생을 선택하시기 빕니다.

'가족 vs 사랑' 말고, '가족 and 사랑' 이렇게 생각해 보는 건 어떨까요?

✱ 완벽한 사람만 완벽주의를 갖는 게 아닙니다. 완벽한 상황만 완벽한 연애를 만드는 것도 아니죠. 연애하기에 완벽한 상황이 아니라며 자꾸 연애 앞에서 움츠러드는 분들! 필독하세요.

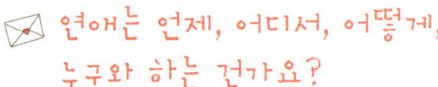
연애는 언제, 어디서, 어떻게,
누구와 하는 건가요?

이수아

20대 중반 여자입니다. 대체 연애는 언제, 어떻게, 어디서 시작하는 건가요?

사실 요즘 제 상황이 연애할 상황이 아니긴 합니다. 저희 집은 부모님의 사이가 좋지 않은 편이고, 오빠는 해외에 나가 있어요. 그래서 제가 집에 더욱 신경을 많이 써야 하고요. 게다가 현재 직장생활 4개월 차에 접어든 신입이라 엄청난 스트레스를 받고 있습니다. 이 와중에 제가 누구와 연애를 시작할 수 있겠습니까? 만나봤자 어리광만 부릴 게 뻔하죠. 남자들은 연애 초반에는 그럴 겁니다. "나한테 기대! 널 지켜줄게." 하지만 그 마음을 끝까지 지속시킬 남자가 존재할지 의문입니다.

솔직히 지금 저 좋다는 남자는 있는데요. 눈 딱 감고 그 남자와 연애를 시작해야 할지, 아니면 연애하기 좋은 상황이 오면 그때 시작하는 게 나을지 고민이 되네요.

단도직입적으로 말씀드릴게요. 연애를 완벽한 상황에서 시작하려는 고정관념을 버리세요. 부모님의 불화와 오빠가 외국에 나가 있는 상황을 부담으로 느끼시면서 이런 와중에 무슨 연애를 하느냐고 하는데, 부모님이 아예 안 계신 사람도 연애를 하고, 불치병에 걸린 사람도 하는 게 연애입니다. 전쟁통에서도 하고, 재수학원에서도 하는 게 연애지요.

수아 씨의 강박이 욕망을 누르면서 스스로 철벽을 치는 겁니다. 이 세상의 그 누구도 '완벽한 상태'에서 연애를 시작하지 않습니다. 완벽하게 몸매 만들고, 집안 상황도 좋은 시점에서, 커리어도 안정된 상태에서 이제 나는 딱 연애할 타이밍이야! 이렇게 연애하길 바란다면 평생 못합니다. 그리고 좀 더 가벼운 마음으로 남자를 대하시길. 조금 과장해서 말하자면, 남자는 어렵게 생각할수록 어려워지고 쉽게 생각할수록 만만해집니다.

독자 여러분도 비슷한 경험이 있지 않나요? 괜찮은 사람이 보이거나, 다가오는 남자가 있지만 뭔가 걸리는 게 있어서 연애 감정이 생기지 않을 때. 잊지 마세요. 연애하기 안 좋은 때란 없다는 걸.

▶ 세 번째 챕터는 여기까지입니다. 여러분도 차분히 생각해보세요. 나의 연애 세포를 죽이는 콤플렉스는 무엇이 있는지, 연애를 미루며 자신에게 했던 핑계는 또 무엇이 있는지.

CHAPTER 4

썸에서 연애로 넘어가기

썸에서 연애로 넘어가기

언젠가부터 우리는 '썸'이라는 표현을 자주 씁니다. 그리고 어엿한 연애의 단계로 인식하기 시작했습니다. 썸이라는 표현은 정기고와 소유가 부른 동명의 노래가 히트하기 전부터 있었지만 10대와 20대 일부에서만 쓰는 말이었는데, 이 노래 이후 일상어로 자리 잡은 것이 확실합니다.

썸 타는 사이란 한마디로 말하면 연애를 시작할까 말까 기로에 서 있는 단계, 즉 탐색기라고 하겠습니다. 호감과 호기심을 품은 상태에서 서로에 대한 마음을 고백하기 직전까지라고 생각하면 되겠습니다. 그런데 의외로 썸 타는 사이에서 연애하는 사이로 넘어가지 못하는 분들이 많이 상담을 요청해 오시더라고요.

썸에서 연애로 넘어가는 단계에서 항상 드는 궁금증이 있죠.

"이 남자, 나를 좋아하나?"

어떤 여자도 비켜갈 수 없는 질문이죠. 아마 이런 경험 다들 있을 겁니다. 내가 좋아하던 남자가 있었는데 그 남자는 나한테 전혀 관심이 없어 보여서 혼자 좋아하다 말았는데, 나중에 알고 보니 그 남자도 날 좋아했다더라. 아뿔싸. 그런데 이미 때는 늦어 지금 남자 곁에는 다른 예쁜 여자가….

　이 챕터에서는 연애의 문턱에서 번번이 좌절하고 마는 분들에게 조언해 드릴 예정입니다. 부디 제 도움을 받아 산처럼 높아 보이던 썸과 연애 사이의 문턱을 가볍게 뛰어넘으실 수 있기를 바랍니다.

✱ 썸에서 연애로 넘어가는 단계에서 항상 드는 궁금증이 있죠.
"이 사람, 나를 진심으로 좋아하나?"
누구도 비켜갈 수 없는 질문으로 이번 챕터를 시작합니다.

✉️ 이 남자,
저를 좋아하는 건가요?

진선미

안녕하세요? 저는 30대 초반의 여자입니다.

조금 부끄럽긴 하지만, 이 나이 먹도록 제대로 된 연애를 경험해 보지 못한 걸 먼저 말씀드려야 할 것 같네요. 누군가를 사귄 적은 있지만 한 달이 채 넘지 않은 시간이었고, 썸만 타다 흐지부지 끝난 적도 여러 번입니다.

이런 제가 일 년 전부터 애매한 관계를 지속하고 있는 한 남자가 있습니다. 그와는 캐나다 한인 커뮤니티에서 처음 인연을 맺게 되었어요. 그때 저는 워킹홀리데이 비자를 받아 캐나다로 건너갔었고, 그는 캐나다의 한 대학에서 3년째 공부 중이었습니다. 온라인에서 처음 만났지만 계속 연락을 주고받다 보니 성격이 꽤 잘 맞는다는 느낌이 들더라고요. 우리는 서로 전화번호를 교환해 실제로 만나게 되었습니다. 처음에는 어색했지만 우리는 서로에게 금방 적응했어요. 그 후로 대부분 그 남자

쪽에서 연락을 이어나갔고, 함께 맛집도 다니고, 공부도 하며 많이 시간을 함께 했죠. 저도 분명 그 남자에게 호감은 있었지만, 표현은 하지 않은 채 몇 달이 흘렀습니다. 근데 그가 말하더군요.

"나 이제 한국 가. 가서 하반기 공채 지원할 거야."

마음이 뻥 뚫린 기분이었습니다. 하지만 이제 와서 제 맘을 강하게 표현하기도 어렵더라고요. 결국 포옹 한번을 끝으로 그를 보내고 말았습니다.

'이렇게 내후년까진 못 보겠구나' 했는데 제가 잠깐 한국에 갈 일이 생긴 거예요. 그렇게 그 남자와 한국에서 재회하게 되었습니다. 일주일에 한 번씩 만나면서 맛있는 것도 먹고, 카페에서 한참 동안 대화도 나눴어요. 이때부터 그 남자가 더욱 욕심나기 시작했습니다. 그를 더 알고 싶고, 만지고 싶고, 애정을 주고 싶었어요. 그런데 제가 참 용기없는 사람인지라 표현을 못 하겠더라고요. 우리의 만남이 데이트인 건 맞는데, 사귀는 건 아닌 이상한 상태가 된 거죠.

결국 저는 캐나다 생활을 정리하고 아예 귀국했습니다. 지금 그 남자는 알바와 취업준비를 병행하고 있고, 저와는 가끔 만나고 있어요. 최근에 자기 생일을 기억 못 한다고 장난으로 저를 혼내는 시늉을 하며 손을 만진 후로는, 만날 때마다 손을 잡고요. 마지막으로 만났을 때는, 카페에서 굳이 제 옆에 앉더라고요. 저희는 연인처럼 나란히 앉은 상태가 되었습니다.

작가님이 보실 땐 이 남자가 저한테 맘이 있는 것 같나요? 하지만 제가 고민하는 이유는 따로 있어요. 요새 그의 연락이 뜸하고 만나는 횟수가 줄어들었거든요. 이제는 제 마음이 커졌으니 고백을 할까도 했지만 선뜻 용기는 나지 않네요. 제가 그 남자보다 나이도 많은 데다 그는 여자한테 인기도 꽤 있을 거 같거든요. 제 자존감이 낮다 보니 그 남자가 나를 좋아할 리가 없다며 누른 감정들이 산을 쌓았어요.

 이 남자 썸일까요? 어장일까요? 저를 불쌍하게 여기시어 시원한 해석 부탁할게요.

선미 씨의 상황을 분석해 드릴게요. 두 가지 경우에 따라 상황이 달라집니다.

1 썸남이 소심한 남자인 경우
2 썸남이 습관적으로 여자에게 스위트한 캐릭터인 경우

유학 시절 꽤 오래 친구 같은 사이를 유지한 걸 보면 1번일 가능성이 크긴 한데, 우선 1번일 경우라면, 썸남은 지속해서 선미 씨에게 호감을 표시한 겁니다. 물론 썸남이 적극적이고 박력 있는 남자여서 정확히 대시를 했다면 이런 고민을 할 필요도 없겠지만, 세상에는 그렇게 박력분으로 빚은 남자들만 있는 게 아니죠. 이럴 땐 선미 씨가 먼저 다가가야죠. 어쩌겠어요?

문제는 요즘 썸남의 연락이 뜸해졌다는 거잖아요? 아마 선미 씨가 저에게 상담하셨듯이 썸남도 누군가에게 이런 상담을 했는지도 모릅니다. "좋아하는 여자가 있는데 꽤 오래됐어. 내가 아직 제대로 취직을 한 것도 아니고, 자신 있게 대시를 못했어. 그래도 계속 좋아한다는 신호는 보냈는데, 그녀는 나에게 전혀 마음이 없는 것 같아. 이제 마음을 정리해야겠지?"

'저돌적인 고백, 끊임없는 대시, 솔직한 표현' 한때는 이런 것들이 남자의 상징이었습니다. 하지만 요샌 좀 다르더라고요. 요즘에는 남자들도 여자들보다 더 고민하고, 더 용기 내기 힘들어해요. 덕분에 남자의 고백만 기다리다가 연애가 흐지부지된 경우 여럿 봤습니다. 혹자는 이런 현상을 '남자들이 여우처럼 변하고 있다'고도 합니다. 어쨌든 남자들이 이렇게 변하고 있다는데 어쩌겠어요. 우리 여자들도 변해야지요.

어쩌면 늦었을지도 모르지만, 그래도 솔직히 고백해 보세요. 그냥 심플하게 얘기하세요. 오래전부터 너를 좋아했다고요. 불분명한 감정이었지만 이제 선명히 보인다고. 너의 감정이 궁금하다고 말하세요. 당연히 거절당할 수 있죠. 떨어질까 무서워 입사원서를 안 내는 경우는 없잖아요? 거절을 두려워 말고, 대시하세요. 글을 읽어보니까 연애 자존감이 낮은 상태인 것 같은데, 용기는 자존감의 시작입니다! 하루도 더 미루지 마세요.

다만, 문제는 2번입니다. 남자가 습관적으로, 불특정다수의 여자들에게 스위트한 경우. 이런 경우에는 말 그대로 이용당할 수도 있고 헛물만 켤 수도 있죠. 선미 씨의 글만 봐서는 이 경우일 확률은 별로 없어 보이는데, 그 남자가 어떤 사람인지 좀 더 알아볼 수 있다면 좋겠네요. 2번이 아니라고 확신한다면, 바로 만나자고 연락해 보세요.

> 연애에 있어서 용기와 자신감은 근육과 비슷해요. 쓰면 쓸수록 강해지지만 안 쓰고 놔두면 흐물흐물해진답니다.
> 선미 씨를 포함해서, 이 글을 읽는 독자분 중에 스스로 연애 자존감이 낮다 싶은 분은 두 번째 챕터 <나만 항상 연애가 어려운 이유>를 꼭 읽어 보세요.

✱ 연애도 책처럼 마지막 페이지를 딱 덮고 다음 책을 시작할 수 있다면 얼마나 좋을까요. 그런 경우도 있지만 제대로 끝나지 않는 연애도 많고, 제대로 시작조차 못 하는 연애도 많죠. 특히 연애에 서툰 분들이 쉽게 저지르는 실수이기도 합니다. 함께 고민해 봅시다.

✉ 연애자아란 무엇인가요?

김선아

저는 이제 스무 살이 된 재수생입니다. 재수생이 공부나 하지 무슨 연애냐? 싶겠지만, 제 맘을 정리해야 공부도 잘할 수 있을 것 같아 사연을 보냅니다.

저는 솔로가 된 지 이제 4개월째인데요. 아직도 헤어진 전남친을 잊지 못하고 끙끙 앓고 있습니다. 그와는 몇 번의 만남과 헤어짐을 반복하다가 결국 안 좋게 인연을 끊게 되었어요. 그 이유를 요약하자면 결국 육체적 관계 때문이었습니다. 서로 타협점을 찾지 못한 채로 안 좋게 끝내다보니 저는 전남친을 더욱 잊지 못하는 것 같아요. 제가 슬퍼하니까 친구들이 그러더라고요.

"야! 사랑은 사랑으로 잊는 거야!"

그래서 지금은 한 살 연상인 오빠와 썸을 타고 있습니다. 학원에서 알게 된 오빠인데요. 전남친을 잊지 못했던 저는 그 오빠의 고백을 한 번 거절했었어요. 그럼에도 불구하고 오빠는 이러더라고요.

"나 기다릴게. 니가 마음을 열 수 있을 때까지."

그래서 근근히 썸을 타고 있는 실정인데. 오빠는 저한테 사랑한다고 말할 정도로 엄청 적극적이에요. 저는 그게 좀 부담스러워서 사랑한다는 말에, 우습게도 고맙다고 대답합니다. 그 오빠를 상대하고 있으면 자꾸만 헤어진 전남친이 떠오르고, 그러면 같이 있는 오빠에게 미안해지고, 최종적으로는 그리움과 미안함이 겹쳐 한없이 우울해져요. 제가 잘못된 행동을 하고 있는 거겠죠?

🕶 우리 태양계가 어떻게 만들어졌는지 아세요? 수십억 년 전에는 먼지로 가득했답니다. 그 먼지들이 뭉치고 흩어지고 부딪히기를 반복하면서 지구와 화성, 금성, 목성 등의 행성이 생겨났죠.

아직 선아 씨는 연애의 주체가 되는, 이른바 '연애자아'가 성숙하지 않은 상태로 보입니다. 연애자아라는 말은 아무래도 제가 만든 표현인데, 그 뜻은 이렇습니다. 연애라는 행위에서 자신의 역할과 자기가 원하는 바를 잘 알고, 원하는 방향으로 관계를 이끌어 나가려고 하는 의지. 더 나아가서는 그럴 수 있는 능력.

어렵나요? 연애자아보다는 더 익숙한 '사회적 자아'라는 개념을 들어서 설명해 볼게요. 사회적 자아는 사회 속에서 나 자신이 차지하는 위치를 알고 내가 원하는 역할과 해야만 하는 역할을 인지하는 것을 말합니다. 사회적 자아가 제대로 형성되지 않은 사람들은 사회생활을 할 때 늘 혼란스럽죠. 서툰 행동을 반복하고요. 그러다가 종종 대인기피증이나 과잉행동 장애 등으로 악화되기도 합니다. 그러나 성장기를 통해 사회적 자아가 제대로 형성이 되면 사회생활은 그 자체로 즐거움이 되죠. 연애자아도 마찬가지입니다. 연애자아가 제대로 형성되지 않으면 아무리 연애를 반복해도 늘 같은 잘못을 저지르고 실수를 하게 됩니다.

선아 씨가 무슨 문제가 있다는 말이 아닙니다. 어린 나이이니, 아직 연애자아가 형성되지 않은 것이 비정상은 아닙니다. 사회적 자아와 마찬가지로 연애자아도 사람마다 형성되는 시기가 다릅니다. 어떤 사람들은 열일곱에도 연애자아가 형성되기도 하고 어떤 사람은 서른이 되어서 천천히 형성되기도 하죠.

연애자아가 가장 필요한 시기가 바로 썸에서 연애로 넘어가는 단계입니다. 썸이라는 단계는 호기심과 호감을 주고받는 단계이기에 연애자아가 필요 없습니다. 그러나 연애는 다르죠. 연애라는 것은 서로가 상대를 인정하고 모종의 특권을 주기도 하고 받기도 하는 관계입니다. 자아가 없으면 그 관계가 제대로 성립될 수 없거나, 왜곡된 관계가 이뤄지죠. 아까 제가 연애자아를 설명할 때 뭐라고 했죠? 쉽게 말하면 연애할 때 내가 뭘 원하는지를 알고, 내가 해야 하는 역할도 알고, 내가 원하는 방향으로 관계를 이끌어나가는 것이라고 했습니다. 그러니 연애자아가 없는 사람은 썸에서 연애로 관계를 발전시키지 못합니다. 어떻게 관계를 설정할지, 그저 앞이 캄캄한 거죠. 또는 연애를 한다고 해도 수동적으로 끌려다닐 확률이 높습니다.

지금 선아 씨의 경우를 보세요. 예전 남자친구와의 관계를 어떻게 정리할 줄도 모르고 새로 다가온 남자와의 관계를 어떻게 설정해야 할지도 모르잖아요. 그저 혼란이죠. 이 모든 것이 연애자아가 확립되지 않았기 때문에 발생하는 상황입니다. 그렇다면 이제부터라도 연애자아를 키우려면 어떤 노력이 필요할까요? 사회적 자아와 마찬가지로 살면서 자연스럽게 형성되기 마련인데, 이번 경우를 예로 들어 설명해 드릴게요.

선아 씨가 지금 느끼는 애매한 감정들을 한번 꼽아 봅시다. 후회, 죄책감, 두려움, 애매함 등의 감정들을 혼돈스러운 그대로 받아들이고 고민하세요. 그다음은, 원하는 관계를 그려 보세요. 이런 식의 연애를 하

연애라는 것은 다른 일과 달리 마음이 움직여서 벌어지는 사건입니다. 마음에서 시작해 마음으로 끝나죠. 우리의 마음이 연애의 가장 큰 원동력이자 동시에 가장 큰 걸림돌이 됩니다.

고 싶다. 뭐 그런 거 있잖아요. 그런 연애를 하기 위해 선아 씨가 어떻게 하면 될지 생각해 보세요. 어떤 관계를 어떻게 정리해야 할지, 또 어떤 관계를 어떻게 발전시켜야 할지, 스스로 고민하고 결론을 내보세요.

우주 먼지들이 뭉쳐져 지구가 된 것처럼 시간이 지나면 선아 씨도 단단한 연애자아가 생길 겁니다. 불편하다고 자꾸 그런 감정들을 회피하다 보면 나이 서른에도 연애가 서툰, 이른바 연애지진아가 되기에 십상이죠.

그러니, 선아 씨의 지금 상황(예전 남자친구에게 계속 마음을 주면서 새로운 남자에게 우유부단한 태도를 보이고 있는 상황)은 일종의 과도기적 상황이라고 생각하세요.

물론 지금은 재수를 하는 기간이니, 올 한 해 정도는 부처가 되었다가 내년부터 감정의 바다에 몸을 풍덩 던져 연애자아를 키우는 것도 방법이죠. 선아 씨가 제 여동생이라면 이렇게 조언했을 겁니다.

✱ 이런 경험 없으신가요? 남자에 대한 호감과 호기심이 열정으로 변하기 전에 시들어 버리는 경우요. 물이 99℃까지는 절대 끓지 않고 100℃가 되어야 끓는 것처럼 썸에서 연애로 넘어갈 때도 반드시 넘어가야 할 고비가 있습니다. 이 부분에서 항상 좌절한 분들, 주목하세요.

 연애 성장판

김소미

안녕하세요. 〈마성의 카운슬러〉를 아주 재밌게 읽고 있는 1인입니다. 작가님께 따끔한 조언을 듣고자 이렇게 메일을 보냅니다.

저는 스물두 살, 주변에서 쉽게 볼 수 있는 흔한 여자입니다. 모태솔로는 아니지만 친구들이 저를 부를 때 '연애고자' 혹은 '철벽녀'라고 해요. 제 연애 특징을 간단히 말씀드릴게요. 저는 제가 호감을 느끼고 있던 남자라도, 만약 그 남자가 저에게 적극적으로 대시를 하면 정이 확 떨어져요. 그래서 그 사람에게 부족한 점들을 엄청난 흠으로 부각시켜서 세상에 둘도 없는 못난 놈으로 만들고 연락을 끊어버립니다.

대학교 1학년 때, 같은 과 남자에게 고백을 받았어요. 그에게 고백받기 전에는 그 애와 친해 보이는 여자애한테 질투를 할 정도로 좋아했었어요. 술자리에서 은근슬쩍 너한테 호감이 있다고 표시를 하기도 했고요.

지금도 기억납니다. 그에게 고백받은 날은 수요일이었어요. 마침 그주 일요일이 제 생일인 걸 알았는지, 저희 집 근처에서 둘이 만나서 놀자고 하는 거예요. 그 아이의 집과 우리 집은 두 시간 거리였는데도 불구하고, 남자애가 제 생일을 축하해 주러 일부러 우리 동네까지 온다는 사실에 가슴이 두근거리기도 했습니다. 데이트는 좋았어요. 영화 보고, 맛있는 밥도 먹고 결국 헤어질 때 즈음에 카페에서 고백을 받았습니다.

"나 너 좋아해. 우리 사귀자."

보통의 여자라면 이 상황에서는 기분이 날아갈 듯 좋아야 하잖아요? 근데 저는 달랐습니다. 엄청 당황했고, 안절부절 못하다가 도살장에 끌려가는 소처럼 대답했어요.

"그… 그래."

그날 저는 집에 돌아가는 길에 무슨 상상을 했는지 아세요? 우리가 헤어지는 상상을 했습니다. 사귄 당일에요! 다른 여자들은 남자에게 고백을 받고, 커플이 되면 그 연애를 이어갈 생각에 행복하다고 하더라고요. 근데 저는 연애의 끝부터 상상했습니다. 헤어지고 나면 학교에서 그 애 얼굴을 어떻게 보지? 이런 생각이요.

그 후로 세 달 동안 그 아이와 연인 관계를 유지했는데요. 그 애는 어떻게든 저와 데이트하는 시간을 늘리려고 노력하고, 먼저 손을 잡거나 껴안아 보려고 했는데, 저는 그게 너무 싫더라고요. 속으로는 제가 먼저 다가가서 데이트 신청도 하고 과감하게 스킨십을 하는 상상도 했었는데, 막상 그 아이가 저한테 그러니까 거부감이 들었어요. 그렇게 여름방학이 될 때까지 연인인 듯, 친구인 듯, 흐지부지 관계를 이어가다가 그

애한테 이별을 통보하고 말았습니다.

그 이후로도 동아리 선배에게 고백을 받아 잠깐 만난 적이 있었고요. 카페에서 알바를 할 때, 손님이 번호를 물어봐서 썸을 탄 적도 있어요. 하지만 좋은 건 잠시 뿐! 길면 한 달, 짧으면 2주 만에 시들시들해지더라고요.

제가 먼저 좋아서 대시를 했던 사람에게도 마찬가지였어요. 그가 반응을 보이면 제 마음이 식어버려요. 마음은 외로워서 공허한데, 저는 대체 왜 이러는 건지 모르겠네요. 연애라고는 평생 못할 팔자인 건가요?

소미 씨의 문제는 간단합니다. 아직 '임자'를 못 만난 겁니다.

    22살이라고 하셨죠? 소미 씨는 평균보다 조금 늦게 연애 세포가 여무는 것뿐입니다. 연애는 적극적으로 나서야 할 때도 있지만 시간을 두고 기다려야 할 때도 있답니다. 소미 씨의 경우에는 후자입니다. 어떻게 아느냐고요? 소미 씨는 특별히 연애감정을 짓누르는 요소가 없잖아요. 본인은 성격을 탓하고 있지만, 성격적으로 봐도 지극히 정상입니다. 키 크는 일에 비유해서 말하자면 아직 성장판이 열려 있다고 할까요?

    1년이 더 걸릴지 몇 년이 더 걸릴지 모르겠지만 곧 연애 세포를 만개시켜 쑥쑥 자라게 해줄 임자가 나타날 것이라 확신해요. 조금 더 느긋한 마음으로 지내보세요. 단, 왜 나는 이럴까 하는 조급한 마음은 버리셔야 합니다. 편안하게, 현재를 즐기세요. 그리고 임자가 나타나면, 알죠?

✱ 연애 초반에 가장 속을 끓이는 일 중에 하나!
"내가 그 사람보다 더 많이 사랑하는 것 같아" 아닐까요?
연애에서는 더 사랑하는 쪽이 을이라고 하지만 제 생각은 좀 다릅니다. 그럼 연애의 갑을관계에 대해 함께 고민해 볼까요?

선택의 골든타임

이지혜

저는 올해 스물여섯 먹은 처자로 제대로 된 연애 경험이 없습니다. 대학 때까지는 공부에 집중하느라, 그 흔한 소개팅도 못 해보고 늘 혼자 누군가를 좋아하다 끝내버리는 소심한 성격으로 지냈습니다. 그러다 사회생활을 시작하면서부터 예쁘게 화장도 하고, 저 자신을 꾸밀 줄 알게 되면서 성격까지 활발해졌죠. 그러다 보니 여기저기서 대시도 많이 들어오더라고요. 근데 이상하게도 연애 기간은 늘 한 달을 넘기지 못했습니다.

제 연애의 시작은 늘 똑같았어요. 상대방이 저한테 호감을 느끼고 적극적으로 대시하는 것부터였죠. 그래서 저도 상대방에게 마음이 생겨 적극적으로 다가갈라치면, 꼭 이상하게 남자 쪽에서 발을 빼는 겁니다.

"내가 일이 많이 바빠져서 못 만날 것 같다. 미안해."

"너는 너무 잘해 주는데 나는 너에 비해서 모자란 사람이라 미안해. 좋은 남자 만나."

꼭 이렇게 이별통보를 받아요. 그런 희망고문에 지쳐갈 때쯤 한 남자가 나타났습니다. 큰 키에 떡 벌어진 어깨, 평소엔 과묵하지만 단 둘이 있을 때는 적당히 장난기 넘치는 그의 모습이 매력적이었죠. 첫 만남부터 대화가 잘 통해서 시간 가는 줄 모르고 데이트했고, 애프터 신청까지 받았습니다.

두 번째 만남도 역시 즐거웠어요. 기분 좋게 한잔하고, 서로에 대한 얘기도 많이 했고, 술김에 스킨십까지 했죠. 저는 우리의 관계가 꽤 진전됐다고 생각했는데 그 다음 날부터 그 남자한테 연락이 거의 없는 겁니다. 일하는 날은 바쁘니까 그럴 수도 있다고 치지만, 쉬는 날까지 연락이 되지 않아요. 기다리다 지친 제가 먼저 "뭐해?"라고 질문을 하면 한참 뒤에나 "친구네 이사 도와주느라 바빴어", "가족들과 외식 중, 나중에 전화할게" 이러고 하루 종일 연락 두절입니다. 덕분에 저는 휴대폰을 손에서 놓지 못합니다. 혹시나 그 남자에게서 톡이 올까 봐요.

하지만 대부분은 실망으로 하루를 마감합니다. 아무리 연락에 무심한 남자라도, 관심 있는 여자가 생기면 그 사람의 연락을 기다리고, 답장도 바로 보내지 않나요? 솔직히 그 남자를 너무 잡고 싶은데 어떻게 하면 잡을 수 있을지 모르겠습니다. 그 남자가 말하길 전에 사귀던 여친이 시도 때도 없이 연락하고 매일 봐야 직성이 풀리는 스타일이라 그게 질렸다고 하던데, 제가 자꾸 연락하고 매달리는 모습 보이면 저한테도 질릴까봐 걱정됩니다. 그에게 저는 봐도 그만, 안 봐도 그만인 사람인 걸까요?

안타깝군요. 지혜 씨가 말씀하신 것들이 대부분 맞습니다. 사랑에 빠지면 바다도 건넌다는 말이 있죠. "바쁘다. 사람들하고 같이 있다. 내 시간이 필요하다." 요런 말 하던 남자들도 자기가 꽂히는 여자가 생기면 시도 때도 없이 연락하고, 만나고, 밤새 수다 떨고, 그런 꼴 많이 봤습니다.

돌아보니 저도 예전에 그랬네요. 제 주변 남자들도 보면 그래요. 별 마음에 안 드는 여자들에겐 아무리 카톡이 쏟아져 들어와도 안 읽거나, 읽어도 답을 안 하거나, 답을 해도 건성으로. 하지만 관심이 있는 여자한테 톡이 오면, 스마트폰을 못 놓죠.

기본적으로 모든 연애는 서로가 서로를 생각하고 대하는 태도가 다릅니다. "사랑에 갑을 관계가 어디 있어?"라고 말하지요. 슬프지만 갑과 을은 연애할 때도 분명히 존재합니다. 쌍둥이 형제끼리 연애를 해도 절대 똑같을 수 없어요. 누군가는 좀 더 연락을 많이 하고, 누군가는 좀 더 돈을 많이 쓰고, 누군가는 좀 더 수다를 떨고, 누군가는 좀 더 쫓아가고, 누군가는 좀 더 그리워하고, 누군가는 좀 더 많이 울게 되죠. 모든 연애가 다 그래요. 불공평해요.

상담을 요청하신 지혜 씨의 경우는 그 간극이 너무 커서 자존심도 상하고 애가 타는 겁니다. 자, 그러면 지혜 씨는 당장 그 남자를 떠나야 할까요? 그 간극에도 불구하고 나는 계속 그 남자와 관계를 유지하느냐, 아니면 나는 좀 더 서로 비슷하게 좋아해 주는 짝을 찾아 떠나겠다. 둘 중에 선택을 하시면 됩니다. 저라면, 어떻게 하겠느냐고요? 저라면 아래의 세 단계를 따라 행동하겠습니다.

   1 마음속으로 그 남자와 완전히 정리하도록 노력한다.
   2 그 남자와 연락을 끊고 다른 남자들과 만나 본다.
   3 혹시 그 남자한테 먼저 연락이 오면 한번 만나서 어떤 태도인지 확인한다.

지혜 씨가 연락을 끊고 난 뒤 그 남자한테 연락이 안 오는 경우. 이 경우엔 뭐 볼 것도 없습니다. 지혜 씨는 그냥 "한번 술 마신 기분에 친해져서 몇 번 연락한 사이"인 겁니다. 문제는 지혜 씨가 연락을 뚝 끊고 난 뒤 남자 쪽에서 연락이 오는 경우입니다. 이때 지혜 씨는 이런 요지의 말을 멋지게 해주면 됩니다.

"그동안 나는 오빠가 마음에 들어서 연인이 되길 바랐는데, 오빠가 너무 연락도 뜸하고 나한테 관심이 없어서 지쳤어. 오빠 태도가 바뀌지 않는 한 우린 연인으로 지내기 힘들 거 같아. 하지만 우리 관계가 이어지길 바란다면 성의를 보여 줘."

어느 쪽이든, 더 행복해지시기를 바랄게요.

> 애매한 관계에서 중요한 점은 '끌려다니지 않도록' 조심해야 한다는 겁니다. 일단 감정에 끌려다니다 보면 이성마저 흐트러져서 올바른 판단을 하기 어려워지거든요.

✱ 나는 연애할 준비가 다 되어 있는데 상대는 시큰둥할 때 정말 속상하죠? 이럴 때는 빠른 판단이 중요합니다. 사연의 주인공은 어떤지 한번 봅시다!

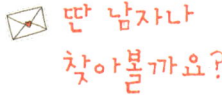 딴 남자나 찾아볼까요?

공승연

저는 30대 초반의 여자입니다.

요새 제 맘을 흔들어 놓은 한 남자가 있는데, 바빠요. 바빠도 무지하게 바빠요. 근데 바쁘다고 연락도 없는 건 제가 그에게 아웃 오브 안중이라는 거겠죠? 제가 먼저 연락하면 꼬박꼬박 답은 잘해 줍니다. 그와 저의 마지막 대화는 이거였어요.

"나 요새 유학 준비 중이라 너무너무 바빠."

그 톡을 보고 머리가 띵해졌습니다. 이제 더 이상 연락하지 말란 건가? 싶었죠. 그는 뭔가 꼭 필요한 이유가 있을 때를 제외하고는 저한테 절대 먼저 연락을 하지 않아요. 그 사람의 카톡 대화명은 온통 공부에 매진하고 있다는 뉘앙스의 글들뿐이고요.

쿨하게 포기하고 딴 남자나 찾을까요?

네. 다른 남자 찾아보세요. 역시 나이는 헛먹는 게 아니군요! 30대 초반의 언니답게! 상황을 아주 짧게 잘 요약해 주셨어요. 다만 한 마디 더 붙이자면, "당분간은요."

지금 그 남자는 공부에 몰입해 있는 상태네요. 물론 사람은 어느 경우에든 사랑에 빠지지만 (심지어 전쟁통에도) 이미 남자가 뜨뜻미지근한 태도로 대한다면 승연 씨가 노력한다고, 변화한다고 남자의 관심을 끌기란 어려워 보입니다.

대신 그 남자가 진짜 괜찮다고 생각되면, 시간과 감정을 줄 가치가 있는 남자라고 판단이 되면, 부담 없는 친구 사이를 유지하면서 시간을 버는 것도 방법입니다. 남자분의 공부를 격려도 해주고 관심도 보여 주면서 말이죠. 그런데 승연 씨의 경우엔 또 남자분이 유학을 준비하고 계시네요! 지금 상황은 이래저래 어렵다고 판단됩니다.

오늘의 팁은 딱 한 가지입니다.
"확실히 아니라는 판단이 들면 깨끗하게 놓자."
열 번 찍어 안 넘어가는 나무도 많습니다. 되게 많아요.
안타까운 사연을 뒤로하고, 다음 사연 만나 볼까요? 길음동의 주경희 씨?

✳︎ 좋아한다는 티를 내고 싶은데 방법을 모를 때가 있죠. 대뜸 고백하기엔 어색하고, 하염없이 기다리다간 상대가 지쳐 도망가거나 다른 여자가 채갈지도 모르겠고! 좋아하는 티를 슬쩍 내면서 상대의 마음도 확인하는 방법, 알려드립니다.

✉ 한 번도 연애를 안 해 본 남자

주경희

지난 일 년간 알고 지내온 오빠가 있습니다. 단둘이 만나는 사이는 아니었고요. 대학교에서 동아리 활동을 하다가 만나게 된 사이라 항상 5~6명씩 만나는 자리에서 보는 정도였어요. 모임은 거의 한 달에 한 번 있어서 자주 보는 편이었죠.

얼마 전 제가 해외여행을 갔다 왔어요. 그걸 기념하자는 목적으로 우리는 또다시 모이게 되었습니다. 그날은 제가 제일 먼저 와서 기다리고 있는데 그 오빠가 헐레벌떡 뛰어들어와서 저를 찾는 겁니다. 저는 손을 흔들며 오빠를 불렀죠.

"오빠! 여기에요. 이리로 와요!"

"어! 반가워. 잘 다녀왔어?"

오빠가 제 앞으로 와서 앉았습니다. 근데 평소와는 다른 향기에 제 가슴이 살짝 두근거리더라고요. 아마 향수를 바꾼 것 같았어요. 게다가 여행 때문에 오랜만에 봐서 그런지 오빠가 좀 달리 보이는 겁니다. 하필 그날따라 오빠와 저 말고는 다른 사람들이 다 늦게 와서 둘만 있는 상황이 계속되었어요. 덕분에 두근거림이 쉽게 가라앉지 않더라고요.

그리고 2주 뒤, 또다시 모임 약속이 잡혔습니다. 솔직히 저는 그 날 이후에 오빠가 신경 쓰여서 이번 기회에 제 마음을 정리하려고 나갔어요. 친한 언니들에게는 제 상황을 살짝 설명해 놓은 상태였습니다. 그래서인지 언니들이 그 오빠가 오자마자 제 옆에 앉히더라고요. 분위기가 조금 오르자 언니 중 한 명이 갑자기 "옆 사람이랑 손깍지 껴! 게임할 거야!"라고 제안을 하는 겁니다. 제가 손이 작은 편이라 왠지 제 손을 보여주기가 민망해서 망설이고 있는데, 오빠가 먼저 손을 내미는 겁니다.

"손 줘봐."

순순히 오빠의 말을 따랐죠. 오빠와 손을 잡고 있는 그 순간이 정말 좋았습니다. 결국 저는 그 술자리에서 제가 오빠를 좋아한다는 사실을 확실하게 깨닫게 된 거예요.

여기까지는 일방적으로 제 짝사랑이 시작된 얘기였고요. 문제는 오빠가 저를 좋아하는지는 전혀 모르는 상태라는 겁니다. 솔직히 오빠와 카톡도 거의 안 해요. 오빠가 워낙에 연락을 잘 안 하는 사람이기도 하고, 제 마음이 커지기 전에도 그런 걸 주고받는 사이는 아니었으니까요.

아 참, 그 술자리 이후에 따로 만나 밥 한 끼 먹은 적은 있습니다. 근데 오빠가 연애를 한 번도 안 해봐서 제가 호감을 표시해도 잘 모르는 눈치예요. 저는 오빠가 좋은데 오빠는 어떤 마음일까요? 요즘 그게 너무 궁금해서 밤잠을 설치고 있네요.

이런 말 드리긴 좀 뭐하지만, 딱 보니까 연애초보시네요. 경희씨도 그렇고, 남자분도요.

상상이 갑니다. 연애초보 남녀가 썸에서 연애로 막 넘어 갈락 말락 감정을 키워나가는, 뭔가 이게 시작이 맞긴 하는가 싶은? 꺄아아아악. 귀엽네요. 정공법으로 풀기도 애매한 시기죠. 이럴 때 필요한 건 뭐?

남자는 유머! 여자는 애교!

애교스럽게 한번 속을 떠보세요. "나는 오빠 자꾸 보다 보니까 솔직히 남자로서 좀 괜찮은 것 같기도 한데… 응… 음… 있잖아, 오빠는 나 여자로서 어때?" 하면서 눈 세 번 깜박깜박. 눈 깜박임은 귀엽고 장난스럽게 하셔야 합니다. 미친 사람처럼 안 보이게. 평소에 애교가 거의 없는 스타일이라면 수위를 좀 낮춰서 시도해 보시고요.

명심하세요. 정공법으로 안 풀릴 땐 뭐? 남자는 유머, 여자는 애교. 유머와 애교는 그러라고 있는 겁니다.

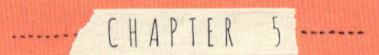

남자들은
　　어떻게
　연애할까?

남자가 사랑할 때

연애란 무엇인가에 대한 대답은 다양한 정의로 이야기할 수 있겠지요. 우리는 이렇게 생각해 보면 어떨까요.

서로를 이성(異性)으로 원하는 남녀가 주고받는 정신적, 육체적 교감

서로가 서로에게 영향을 주고받는 연애는 결국 두 명의 팀플레이입니다. 객관적으로 좋은 짝을 찾는 것도 중요하지만 서로의 호흡이 더 중요하죠. 그래서 한 사람이 아무리 전력질주를 해도, 딱 반밖에 갈 수가 없습니다.

'진실한 사랑'이나 '결혼' 등은 나중 문제라고 치고, 일단 '연애'에 한정시켜 보면 손자병법의 한 구절을 떠올려 봄 직합니다. '지피지기면 백전백승(원문의 표현은 지피지기 백전불태 知彼知己 白戰不殆)' 나를 알고 적을 알면 백번을 싸워도 다 이길 수 있다는 뜻입니다. 연애도 마찬가지입니다. 지금까지는 스스로 자신을 제대로 알아야 한다는 점을 누누이 강조했습니다. 이조차도 안 되는 분들이 많으니까요. 나의 욕망, 나의 속마음, 나의 콤플

렉스, 나의 처지 등을 제대로 알기만 해도 연애의 절반은 성공한다는 거죠. 그럼 나머지 절반은?

그렇죠. 남자를 알아야 합니다. 주변에서 보면 참 끊임없이 연애하는 친구들이 있습니다. 남자가 끊이지 않는 여자들 말이죠. 그런 여자는 두 부류로 나누어지는데 수동적으로 남자들에게 끌려다니는 경우가 있고, 적극적으로 연애를 즐기는 사람이 있습니다. 전자의 경우에는 부러워할 일이 없죠. 사실 연애가 아니라 남자들에게 이용당하는 것이니까요. 그러나 후자에 속하는 여자들에게는 배울 점이 많습니다. 이 여자들의 공통점이 바로 지피지기, 즉 자신을 잘 알고 남자도 잘 안다는 겁니다.

물론 사람마다 편차는 크지만 남성과 여성은 대체적인 특질을 지닐 확률이 높습니다. 그러니 남자들의 '공통적인 특질'을 잘 안다면 연애도 훨씬 수월하게 할 수 있겠죠?

이 챕터에서 다룰 부분은 바로 남자들의 연애 고민입니다. 누군가의 속마음은 고민을 통해 가장 잘 표현됩니다. 남자들의 고민을 통해, 그들이 연애할 때 어떤 마음을 갖는지 짐작하실 수 있을 겁니다. 저도 놀랐습니다. 연애에서 여자들의 관심사와 남자들이 관심사가 이토록 다를 줄은 몰랐으니까요.

✱ 연애에서 장애물이란 연애를 방해하는 나쁜 요소이지만 한편으로는 관계를 돈독하게 해주는 좋은 약이 되기도 합니다. 물론 장애물이 너무 클 경우에는 심각한 좌절을 맛보게 되지만, 장애물을 넘어 고난을 딛고 이뤄낸 사랑은 그만큼 더 강하고 소중해지는 법이지요.

✉ 남자의 순정이란?

윤현민

저는 27살 대학생입니다. 작년 3월, 첫 수업시간에 반한 그녀와 지금까지 사귀고 있습니다. 총 4번의 고백 끝에 힘겹게 만난 그녀는 뛰어난 외모만큼이나 마음도 착합니다. 뭐랄까? 철이 많이 든 여자라고 해야 할까요? 동갑인데도 불구하고 이해심이 넓어서 싸울 일도 거의 없습니다. 그러나 우리 둘 사이를 가로막는 두 가지 문제가 있어요. 그건 바로 가정환경과 종교입니다.

그녀의 집은 넉넉한 편이 아니라 지금도 아르바이트를 해서 학비와 생활비를 충당하고 있습니다. 종종 어릴 적 얘기를 하면서 눈물을 흘릴 정도로 힘든 학창시절을 보냈더라고요. 다행히 저는 풍족한 집안에서 자랐고, 지금도 경제적으로는 어려움이 없기에 데이트 비용은 최대한 제가 부담하고 있습니다. 사실 이건 그리 힘들지 않은 일인데도, 그녀는 늘 저에게 미안해합니다. 그녀가 너무 미안해하니까 역으로 제가 더 미안해질 때가 있어요.

사실 이것보다 더 큰 문제는 종교입니다. 여자친구는 독실한 집안에서 자라왔기에 제가 신앙을 가지지 못 한다면 결국은 끝이 보이는 사랑이 될 거라고 말해요.

"니가 기독교를 믿지 않으면 우리는 끝까지 함께 하지 못할 거야."

저는 원래 기독교 신자였지만 여러 가지 이유로 교회에 나가지 않습니다. 사실 일반 신자들이 교회를 다니는 수준 이상을 요구하는 그녀의 태도가 부담되긴 해요. 청춘이란 짧은 시간에 신앙에만 집중하는 걸 보면 안타깝기도 하고요. 그리고 그녀가 다니는 교회는 정통에서 벗어난 교회입니다. 제가 과거에 교회를 다녀 봐서 이 부분은 잘 알고 있어요. 하지만 저는 상관없습니다. 그녀와 그녀의 가족에게 닥쳤던 힘든 시간을 이겨내게 해줬던 것이 신앙이기 때문에 이해할 수 있어요. 종교, 가정환경 모두 그녀의 배경일 뿐, 그녀 자체는 아니기 때문에 다 이해해 줄 수 있습니다. 하지만 머리로는 이해하면서도 가슴으로는, 사랑하니까 가능하면 바꿔 주고 싶은 게 제 솔직한 심정입니다.

그녀는 종종 이렇게 말합니다. "당장은 슬프겠지만 미래를 위해서는 헤어지는 편이 낫지 않을까?" 저는 그녀를 정말 사랑합니다. 하지만 그녀가 이렇게 얘기할 때마다 딱히 반박할 수도 없네요. 대체 제가 어떤 선택을 해야 하는 걸까요?

힘겨운 사랑을 지켜나가고 계시는군요. 글만 읽어 봐도 현민 씨가 여자친구를 얼마나 사랑하는지 느껴집니다. 헤어지지 마세요. 김광석은 너무 아픈 사랑은 사랑이 아니라고 노래했는데 저는 너무 아픈 이별은 이별이 아니라고 말하고 싶습니다.

결론부터 말씀드리자면, '긴 호흡으로' 사랑하세요. 당장 편하고 즐거운 연애를 위해서라면 현민 씨의 여자친구는 최악의 상대입니다. 힘든 어린 시절 때문에 아픔도 많고(아마 피해의식, 콤플렉스 등이 많겠지요) 흔히 이단이라고 부르는 종교에 심취해 있는 상태까지. 아마 현민 씨가 30대 중반쯤 되었고 여자친구도 비슷한 나이라면 전 깨끗이 포기하라고 말씀드리고 싶어요. 하지만 20대라는 나이는 어떤 변화도 가능한 나이입니다. 물론 시간이 더 걸릴 겁니다. 현민 씨가 초조해 할수록, 회의를 품을수록 그 시간은 괴롭게 다가오겠지요. 어렵겠지만 여유를 갖고 여자친구를 대해 주세요. 여자친구를 당장 바꾸려고 하지 말고 여자친구와 즐거운 것들을 공유하고 밝은 미래를 보여 주세요. 그러면 여자친구도 조금씩 밝아질 겁니다.

현민 씨의 여자친구가 미래에 대해 회의적인 생각을 품고 이단 종교에 의존하는 이유도 아픔 때문입니다. 아픔이 클수록 낫는 시간도 오래 걸리잖아요. 아마도 현민 씨의 여자친구가 지닌 상처는 매우 깊은가 봅니다. 당장은, 어쩌면 꽤 오랫동안 현민 씨의 여자친구는 꽁냥꽁냥한 기쁨은 줄 수 없을 겁니다. 그러나 현민 씨가 여자친구를 사랑하는 만큼 오랜 시간 인내와 여유를 갖고 여자친구를 지켜 주고 기다려 준다면, 그래서 결국 여자친구가 현민 씨를 전적으로 믿고 몸과 마음을 열고 나면 현민 씨는 세상 누구도 부럽지 않은 남자가 되어 있을 겁니다.

현민 씨는 참 멋진 남자입니다. 지금까지 여자친구를 지켜 온 것만으로도 존경의 박수를 보냅니다. 세상에는 여러 종류의 잘난 남자가 있지요. 돈 많은 남자, 잘생긴 남자, 권력을 가진 남자, 유명한 남자. 그러나 그 어떤 남자도 순정을 지키는 남자를 이기지 못합니다. 물론 사랑의 속성을 잘 모르는 사람들은 현민 씨를 호구라고 동정할지도 모릅니다. 제가 쓴 칼럼 하나가 꼭 현민 씨를 위해 쓴 것 같은데 읽어 보세요.

내 이름은 호구, 강호구다

살다 보니 호구가 제목에 등장하는 드라마를 다 본다. 인기 웹툰을 원작으로 삼아 티비엔에서 방영 중인 드라마 <호구의 사랑>은 주인공 이름이 호구다. 강호구. 거기에 걸쭉한 입담의 국가대표 수영 여신 도도희, 잘난 놈 변강철, 남자인 듯 여자 같은 밀당고수 강호경, 네 명의 호구남녀 캐릭터가 드라마를 이끌어 간다.
우리에게 호구라는 표현이 익숙해진 것은 <파이란>이라는 영화 때문일 것이다. 배우 최민식이 맡았던 배역인 강재가 입버릇처럼 자신을 가리켜 '국가대표 호구'라고 말하는 대사가 있었는데 이 대사가 꽤 회자되었다.
원래 호구는 바둑에서 유래된 말이다. 상대편 바둑 석 점이 이미 포위하고 있는 형국을 가리키는 말이다. 그 속에 바둑돌을 넣으면 영락없이 먹히고 말기 때문에 꼭 호랑이의 입 같다고 하여 호구라고 불렀는데 요즘은 먹잇감이나 이용 대상이 된다는 뜻으로 널리 쓰인다.

호구와 관련한 최고의 명대사는 동료 PD에게 들은 말인데, 이렇다.

"고스톱을 치는데 누가 호구인지 모르겠잖아? 그럼 니가 호구인 거야."

이렇듯, 자기가 호구인 줄 알면 진정한 호구가 아니다. 그런데 드라마 속 강호구는 특이하게도 스스로 호구가 되기를 자처한다. 그는 사랑의 감정에 혼란스러워하는 여동생에게 이렇게 충고한다.

"내가 미술학원 다닐 때 물감이 아까워서 조금씩 썼거든. 그랬더니 반도 못 쓰고 다 굳어 버려서 못 쓰게 되었어. 물감이랑 마음이랑 똑같아. 아끼지 마. 그러다 굳어 버리니까."

살기가 팍팍하다 보니 연애의 방식도 달라진다. 요즘은 남친 여친을 찾을 때도 스펙을 따지고 갑을 관계를 고민하고 스스로가 호구인지 아닌지를 걱정한다. 이런 세태에 강호구의 연애관은 참으로 안타깝게 보일 수도 있다.

강호구보다 170배쯤 호구인 캐릭터가 있으니 바로 소설 <위대한 개츠비>의 개츠비다. 이 남자는 이미 딴 남자하고 결혼해서 사는 첫사랑을 위해 인생을 건다. 그녀가 사는 집 근처에 호화저택을 짓고 그녀의 마음을 사기 위해 매일 파티를 연다. 실상 그가 연모하는 대상은 그런 사랑을 받을 가치도 없는 허영심 가득한 여자인데도!

개츠비까지는 감히 범접할 수 없지만, 강호구의 명대사는 가슴에 새겨야 한다. 특히 사랑에 빠진 연인들, 가슴을 여는 것이 두려워 이리 재고 저리 재고 있는 썸남 썸녀들은 더더욱.

마음이 굳어져 버리기 전에 실컷 줘버리라는 호구의 연애론은 역설적으로 가장 똑똑하게 연애하는 방법이다. 사랑의 감정이란 받는 것보다 주는 과정에서 더 풍요로워지기 때문이다. 설령 이별하더라도 원 없이 마음을 준 쪽이 덜 아프다. 한

번쯤 진하게 사랑해 본 사람은 안다. 아나운서가 되기 위해서 다 줄 필요는 없지만 진정한 사랑을 하기 위해선 다 줘야 한다는 것을.

나는 팔자 좋게 연애 따위에 감정을 낭비할 여유가 없다고 푸념하는 독자들도 있고, 필자는 희망고문에 시달려 보지 않았나 보다고 생각하는 독자들도 있겠다. 그렇지 않습니다! 저도 숱한 밤낮을 애태우고 태우며 보냈답니다.

나도 한때는 누군가를 좋아하는 일을 낭비라고 생각하거나 고문이라고 생각한 적도 있었다. 그러나 돌아보니 그건 내가 누군가를 좋아한다는 사실을 부끄러워하기 때문이었다. 누가 나를 좋아하는 일은 자랑하면서 내가 누군가를 좋아한다는 사실은 왜 부끄러워하나?

연애하는 이들이여. 사랑할 때는 호구가 되어라. 당신 가슴에 있는 사랑의 물감, 혹자는 연애 세포라 부르는 무엇이 말라버리기 전에.

잘 보셨나요? 현민 씨는 호구가 아닙니다. 누구보다 제대로 사랑하고 있는 멋진 남자입니다. 그리고 스스로 허세라는 표현을 썼는데, 허세 없는 20대는 싱겁잖아요. 젊은 날에 허세 좀 부리고, 자뻑에 살면 좀 어때요? 현민 씨의 허세는 귀엽고 예쁜 허세 같아서 드리는 말씀입니다.

> 처음으로 남자분의 고민 사연을 읽어 보니까 어떤가요? 뭔가 연애에 대해 고민하는 부분이 다르지 않나요?
> 요즘 이런 남자들 많지 않습니다. 자기 먹고살기 힘든데 이렇게까지 여자를 기다려 주고 참아 주는 남자에게는 정말 박수 한번 쳐줘야 합니다.

❋ 이런 표현 참 많이들 듣습니다. 드라마와 영화 속에서요.
"나 같은 놈이 그런 여자를 감히 사랑해도 될까요?"
현실에서는 없을 줄 알았던 그 대사, 그 사연 속 주인공을 소개합니다.

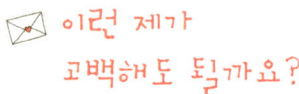
이런 제가
고백해도 될까요?

김현우

작가님의 열렬한 팬입니다. 작가님 소설도 열 권 정도 읽었으며, 심지어 인터뷰 및 기고문까지 전부 찾아보고 있습니다. 제 고민을 그냥 넘어가지 말아 주세요.

얼마 전, 모임에서 한 여자를 알게 됐습니다. 나이는 저보다 7살 정도 어린 20대 중반이고, 제 말에 리액션이 좋고 미소가 예뻐요. 사실 남자라면 누구나 호감을 느낄 만한 귀여운 여자죠. 대신, 세상 사람들이 흔히 말하는 스펙이라고 하죠? 그 스펙은 볼품이 없는 편입니다. 그녀는 학벌도 별로고, 집안도 그저 그렇고, 월급도 많지 않아요. 반면, 저희 집은 재산도 좀 있고, 저도 소득이 높은 편이며, 가방끈도 깁니다. 제 입으로 말하긴 민망하지만 얼굴도 평균 이상입니다. 살면서 제가 맘에 드는 사람하고 사귀는 데 큰 어려움이 없었으니까요.

그런데 문제는, 2년 전부터 제 몸이 많이 안 좋다는 겁니다. 겉으로 보기에는 멀쩡한데 속이 완전히 곪아 있습니다. 내일이 없을 수도 있다는 생각을 머릿속에 항상 갖고 살만큼 몸이 많이 안 좋아졌어요. 그리고 그녀도 제 건강상태가 정상이 아니라는 상황을 알고 있습니다. 이런 상황에서 제가 감히 그 여자에게 고백해도 될까요? 저는 제가 가진 많은 장점을 알고 그걸 자랑스럽게 생각하고 있지만, 다른 한편으로는 나쁜 건강 때문에 제가 가진 모든 것이 무의미하게 느껴지기도 합니다. 게다가, 그녀에게는 학벌, 소득, 재산 같은 세속적 가치는 중요하지 않을 거란 생각이 들어요. 제 눈에 콩깍지가 씌인 걸 수도 있지만 정말 순수한 사람이거든요.

정리해서 말하자면, 저는 그녀에게 그냥 '볼품없는 불쌍한 아픈 오빠'에 불과하다는 생각이 듭니다. 저 같은 사람이 감히 그녀에게 고백해도 되는 건지, 만약 고백하면 그 자체로 그녀에게 불쾌한 경험을 하게 하는 건 아닐까? 라는 극단적인 자괴감마저 듭니다.

이런 저, 그녀에게 고백해도 되는 걸까요?

일단, 건강이 많이 안 좋으시다니 위로와 힘을 드립니다.

그것과는 별개로, 연애에 대해서는 따끔하게 혼을 내드리고 싶네요. 현우 씨가 왜 대시를 못 하는지 이유를 모르겠습니다. 거절당할까 봐 두려우신 겁니까? 좀 더 신중하게 다가가고 싶으신 겁니까? 아직 30대 초반이신데 행동은 마흔 살처럼 답답하네요. 몸이 안 좋으면 더욱 이런 기회를 소중히 생각하고 놓치지 말아야 합니다.

제가 장담하건대, 서른 살쯤 되면 누구를 좋아하는 마음이 한 해 한 해 줄어듭니다. 호르몬이라고 부르기도 하고 연애 세포라고 부르기도 하는 그 무엇이 줄어든다는 얘깁니다. 이것저것 조건은 따지지 마세요. 여자 분이 20대 중반이라면 아직 진심이 통할 가능성이 큽니다. 그리고 우현 씨 또한 건강을 제외하고는 자존감이 꽤 높아 보이니까, 자신감 있게 다가가 보세요. 다만, 고백할 때에는 어설프게 들어가지 마세요. 한 방에 끝까지, 깊이 들어가야 합니다.

"니가 좋다. 지켜볼수록 마음에 든다. 건강이 안 좋아서 머뭇거리긴 했지만 더 늦기 전에 고백한다. 너를 위해서라면 앞으로 더 건강해질 자신도 있다."

현우 씨의 마지막 말이 참 안타깝네요. 현우 씨의 고백이 그녀에게 불쾌한 경험이 될까 봐 걱정하는 마음. 저도 여러 번 고백해 보았고 받아본 적도 많고, 차인 적도 많고, 찬 적도 많습니다. 일일이 다 신경 쓰면서 어떻게 삽니까? 깔끔하게 고백하세요. 한 방에 성공 못 하신다 해도 한 달 정도는(여자 분이 질리지 않는 한에서) 노력해 보세요. 그래야 후회가 없겠죠. 무엇보다 건강이 중요합니다. 계속 몸이 안 좋으면 자신감도 더 떨어질 테니까요. 얼른 회복하시길 빌겠습니다.

진심은 절대 부끄러운 무엇이 아닙니다. 진심을 부끄러워하는 태도가 부끄러운 것이지요. 힘내세요!

현우 씨의 사연에 어떤 생각이 들었나요? 앞의 석호 씨의 사연과 내용은 다르지만, 공통으로 발견되는 성향이 있습니다.

바로 책임감입니다. 석호 씨는 상처가 많고, 이단 종교에 빠진 여자친구를 과연 끝까지 지켜낼 수 있을까 하고 고민한 반면, 우현 씨는 건강하지 못한 자신이 마음에 드는 여자에게 고백해도 될까 고민하고 있습니다.

우현 씨의 경우 얼핏 보면 책임감과 별 상관이 없어 보이지만 속내를 읽어보면 건강이 썩 좋지 않은 자신이 과연 그 여자를 책임질 수 있을까 하는 생각까지 연결되어 있음을 알 수 있습니다. 제대로 된 남자라면 그렇습니다. 사랑하는 여자는 내가 책임진다는 기본 마인드가 있죠. 그래서 저는 가까운 여자 사람 동생들에게 남자를 고를 때 몇 가지 필수 항목에 꼭 책임감을 넣으라고 조언합니다.

아이러니한 점은, 책임감이 없는 남자는 고민도 별로 하지 않는다는 겁니다. 여자와의 관계에서 책임질 생각이 없다 보니 걱정거리도 별로 없는 거죠. 이런 남자는 가볍게 만나서 데이트만 하거나 섹스 상대로서는 (물론 안전하게) 좋을지 모르지만 지속적인 연애, 특히 결혼까지 염두에 두는 연애 상대로서는 최악입니다.

그런데 참 아이러니해요. 무책임한 남자는 자유로워 보이는데 이 지점이 또 여자들에겐 매력적으로 보일 수 있다는 거죠. 연애를 많이 해봤거나 남자들을 잘 아는 여자라면 책임감이 있는 남자인지 무책임한 남자인지 본능적으로 알아차릴 수 있지만 그렇지 못한 분들도 있기에 무책임한 남자의 특징을 몇 가지 알려 드리겠습니다.

1 경제적으로 어려운 형편이어도 별로 걱정을 안 한다.
2 허언(빈말)을 자주 한다.
3 데이트 약속을 해놓고 자주 깨뜨린다.
4 연락 끊고 잠수를 탈 때가 있다.
5 헤어지자는 말을 쉽게 한다.
6 여자한테 기대면서도 미안하거나 부끄러워하지 않는다.
7 미래에 대한 구체적인 비전이 없다.
8 돈 관계가 흐릿하다.
9 고민이나 힘든 상황이 있어도 도와주지 않는다.
10 남 탓을 많이 한다.

이상 열 가지가 무책임한 남자들이 무의식중에 보이는 행동 양식들입니다. 혹시 진지하게 만나는 남자가 위의 항목에 절반 이상을 차지한다면, 결혼할 생각은 접으세요. 자, 그럼 세 번째 사연을 만나 볼까요? 이 남자 분, 참 멋진 분입니다. 상암동의 이세형 씨?

✱ 남자는 역시 박력이 있어야 남자죠. 남자의 박력은 대시에서 시작합니다.
  남자는 어떻게 대시하는가?
  이렇게요!

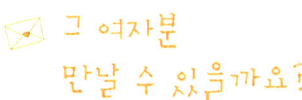
그 여자분 만날 수 있을까요?

이세형

작가님의 블로그를 눈팅 중인 28살의 청년입니다. 일전에 27살 모태솔로녀의 고민상담 글을 읽고 그녀와 만나보고 싶다는 생각이 들었어요. 그 글만 보면 평소 제가 생각하던 여성상이랑 정말 닮아서요. 뭐랄까? 사랑에 대해 신중히 생각하는 타입이라고 해야 하나?

작가님께서 이런 제 의사를 전달해 주시고 소개팅을 한번 연결해 주시면 어떨까요?

아까 말했듯이 전 28살이고, 사는 곳은 서울입니다. 외모는 주관적이라 함부로 말을 못하겠지만, 그 모솔녀처럼 잘생겼단 말도 가끔 들어요. 좋은 만남이 될 수 있도록, 잘 만나 볼게요. 작가님의 답장 기다리겠습니다!

세형 씨 같은 경우는 상담이 필요 없어서 제가 당사자인 여자 분과 메일로 연결해 드렸어요. 지금쯤 행복한 연인이 되어 알콩달콩 연애질에 푹 빠져 있을지도 모르죠. 그랬으면 좋겠네요.

한 가지 단언해 볼게요. 세형 씨는 이번에 잘 안 이어지더라도 조만간 연애를 시작할 확률이 아주 높습니다. 자신이 어떤 여자를 원하는지 잘 알고 있고, 자신감도 충만하고, 성격도 적극적이니까요.

요즘은 여자가 대시를 하는 경우도 많아졌지만 여전히 남자가 대시하는 상황이 훨씬 많습니다. 그렇다면 궁금해지죠. 남자들은 어떤 여자에게 끌리고, 또 어떤 여자에게 안 끌릴까? 뭐 꼭 남자에게 매력적인 여자가 되는 것이 지상과제는 아니지만 우리는 연애를 잘하기 위해 이 책을 펼쳤으니까요.

사실 남자가 여자에게 꽂히는 이유는 여자보다 훨씬 더 간단합니다. 여자들은 어느 정도 복합적인 매력이 받쳐 주는 남자를 선택하는 경우가 많지만 남자들의 경우에는 뭐 한 가지만 눈에 확 들어오면 끌리는 경우가 많습니다. 그러니 남자가 여자에게 호감을 느끼는 경우는 차마 일일이 다 기술하는 것이 불가능합니다.

음, 제일 먼저 '방 안의 코끼리'라는 말 들어보셨나요? 영어에서 잘 쓰이는 비유적 표현입니다. 무시하거나, 지나칠 수 없는 명백한 사실을 일컫죠. 반대로 거론하기에 불편하지만 그럼에도 너무나 명명백백하게 중요한 사실을 가리키기도 합니다. 방 안에 있는 코끼리를 못 볼 수가 없잖아요. 방에 코끼리가 들어와 있는데도 모른 척하고 벽에 걸린 액자 얘기를 하거나 바닥에 떨어진 먼지 얘기를 하는 상황을 생각하시면 감이 오죠? 바로 '여자의 외모'가 방 안의 코끼리 되겠습니다. 외모지상주의라는 비난을 들을까 봐 이 항목을 슬며시 빼려고 했는데, 방 안의 코끼리를 그냥 넘어갈 수가 없었어요. 단언컨대, 여성의 외모는 남자들의 마음을 끄는 가장 즉각적이고도 강력한 요소가 틀림없습니다. 그런데 남자들이 생각하는 여자들의 외모에 대해, 여성분들이 착각하는 지점이 있습니다. 이해하기 편하게 예를 들어 드릴게요.

마트에 한번 가 보세요. 애들 데리고 장 보는 아줌마들 얼굴을 유심히 보세요. '대체 저 얼굴로 어떻게 결혼했지?' 싶은 경우가 있을 겁니다. 나이가 들어서 못생겨졌을 거라고요? 30대 젊은 주부들을 봐도 큰 차이는 없습니다. 분명히, 지금 우리 사회의 미적 기준으로는 도저히 남자가 매력을 느낄 수 없을 것 같은 데도 결혼해서 아이 낳고 잘 살고 있는 분이 많단 얘깁니다. 반대로 결혼을 안 했거나 남자친구가 없는 여자 중에서 예쁜 여자들도 무척 많이 보입니다. 제가 아는 여자 중에서도 얼굴도, 몸매도 예쁜데 연애하고 싶다고, 결혼하고 싶다고 노래를 부르지만 남자가 잘 안 붙는 경우가 많아요.

자, 여성분들이 생각하는 것처럼 남자들이 예쁜 여자만 좋아한다면, 이런 현상은 어떻게 설명할 수 있을까요? 외모 순서대로 좋은 남자들과 다 짝 지워진 후 제일 못생긴 여자들만 솔로로 남아야 하지 않나요? 현실은 전혀 그렇지 않습니다. 그 이유를 설명해 드릴게요.

아름다운 외모를 가진 여자라도 제가 아래에 적어 놓은 일곱 가지 특징을 가진 여자들은 남자들이 본능적으로 피하는 경우가 많습니다. 꼭 일곱 가지만 있는 것은 당연히 아니죠. 제가 그 정도만 추려 놓은 것뿐입니다. 반대로, 못생긴 여자라고 무조건 남자들이 기피하는 게 아닙니다. 물론 연애 전선에서 예쁜 여자들이 훨씬 더 유리하죠. 그러나 외모가 딸린다 해도 최대한 외모를 가꾸고, 자신감이 있는 여자들은 매력적으로 보입니다. 외모만큼이나 태도가 중요하단 얘깁니다. 남자들이 정말 딱 싫어하는 여자는 못생겼는데 예뻐지려는 노력조차 하지 않는 것처럼 보이는 여자입니다.

그런데 만약, 매력적인 외모의 소유자도 아닌데 아래의 항목과 일치하는 것들이 많은 여자라면? 조금 가혹하게 들릴지 모르지만, 답이 없다는 말은 이럴 때 쓰는 거죠. 분명한 건, 외모는 성형수술이라는 번거로운 과정을 거쳐야 하지만 아래에 적어놓은 일곱 가지 포인트는 본인의 노력에 따라 얼마든지 극복하거나, 최소한 가릴 수 있습니다.

자, 그러면 보통의 남자들이 딱 싫어하는 여자의 일곱 가지 유형을 살펴보시죠. 웬만하면 이런 말이나 행동, 또는 습관은 삼가시기를. 아마 여자의 생각과는 많이 다를 겁니다.

1 엄마, 아빠 이야기를 너무 자주 하는 여자 – 데릴사위 할 일 있나요?

2 과소비 성향이 엿보이는 여자 – 호구 인증하고 싶은 남자는 없습니다. 특히 요즘에는요.

3 성에 대해 개방적인 여자 – 같이 놀거나 가벼운 연애 상대로는 아주 좋아하지

만, 진지한 만남의 상대로는 기피 대상 1호죠. 이 지점에선 남자들이 이율배반적이긴 합니다.

4 너무 잘난 (척하는) 여자 – 제 주변에 서울대, 아이비리그 출신에 연봉 1억 넘고 얼굴도 예쁜데도! 싱글에 남자친구조차 없는 여자들이 어찌나 많은지.

5 신경질적인 여자 – 아무리 예뻐도 세 번 이상 못 만나죠. 섹스에서도 왠지 불감증일 것 같은 오해를 사기도 쉽고요.

6 지저분한 여자 – 의외로 입 냄새 심한 여자, 코털 삐죽 나온 여자, 머리 떡 진 채로 다니는 여자들 많습니다. 남자가 싫어서 일부러 방어막 치는 거죠?

7 지나치게 남성적인 여자 – 아주 특이한 취향이라면 모를까.

남자들이 싫어하는 일곱 가지 여자 유형, 어떤가요? 억울하신 분들도 있겠지요. 첫 번째 항목만 봐도 여자분 입장에서는 편하게 가족 얘기를 자주 한 것뿐인데 왜 그러지? 싶을 수 있습니다. 맞아요. 오해예요. 그런데 남자들은 종종 그런 오해를 한답니다. 오해받기 쉬운 행동을 굳이 할 필요는 없겠죠?

아마 남자친구에게 물어보면 이런 대화와 속마음이 오갈 겁니다.

여자 : 오빠. 오빠는 내가 우리 식구들 얘기 자주 하는 거 싫어?

남자 : 아냐. 그럴 리가! 너무 재미있는 걸? 시트콤이 따로 없잖아.

남자의 속마음 : 적당히 해라. 열 살짜리 애도 아니고. 나중에 결혼해서도 친정집 얘기만 할 거니?

성에 대해 개방적인 여자도 황당한 경우를 많이 겪을 겁니다. 남자들이 처음에는 좋다고 덤벼들다가 어느 순간부터 그저 섹스만 하려 든단 말이죠. 심지어 시간이 지나면 그것조차 지겹다고 이별을 통보하거나, 아니면 바람을 피우거나.

먼저 성에 대해 '개방적'이라는 말뜻을 짚어 봅시다. 저는 두 가지 의미를 담고 있다고 봅니다. 섹스에 대해 적극적이고 주도적인 성향이 한 가지고요. 섹스라는 행위를 거부감 없이 즐기는 태도가 또 한 가지. 이 두 가지 성향을 모두 가진 사람을 성에 대해 '개방적'이라고 말하고 싶네요. 개인적으로는 성에 대해 개방적인 여자들을 좋아하고 존경합니다. 수많은 가치 중에서 '자유'를 가장 우선으로 생각하는 저로서는 당연한 취향이겠죠. 그러나 아직 대부분의 남자들은(같은 여자들도) 섹스를 쉽게 하고, 주도적으로 성생활을 즐기는 여자들에 대해서는 헤픈 여자로 치부하곤 합니다. 안타깝게도 현실이 그래요. 그러니 이런 취향의 독자분은 적당히 연기를 하는 편이 본인을 위해선 더 낫겠네요.

사실 제일 억울한 경우가 너무 잘난 여자들이겠죠. 잘난 게 잘못은 아닌데 말이죠. 그러나 고학력, 고소득 여자분들 중 솔로가 넘치는 현상은 제가 일하는 방송계뿐만 아니라 다른 분야도 많더군요. 이런 여자들을 위해 조언하자면, 자신감과 잘난 척은 종이 한 장 차이입니다. 검손함과 주눅도 그렇죠. 잘나고 당찬 건 좋지만 까다롭고 어려운 사람으로 비치면 곤란합니다. '내가 이 자리에 오기까지 얼마나 힘들었는데 남자들 좋아하라고 비위까지 맞춰줘야 해?' 이런 생각이 드시면 그냥 남자 없이 맘 내키는 대로 사세요.

CHAPTER 6

나쁜 연애 vs 착한 연애

나쁜 연애 vs 착한 연애

연애도 인간관계의 일종입니다. 모든 인간관계가 그렇듯 연애 역시 좋은 관계로 흘러갈 수도 있고 나쁜 관계가 될 수도 있습니다.

우정만 해도 우리에게 엄청난 영향을 미칩니다. 친구를 잘 사귀면 피가 되고 살이 되기도 하지만 나쁜 친구와 잘못 어울리면 아예 인생이 거덜 나는 경우도 종종 봅니다.

벌써 꽤 시간이 흘렀지만, 군대에서 집단폭행을 당해 사망한 윤 일병 사건을 기억하실 겁니다. 주동자인 이 병장은 30년이 넘는 징역형을 선고받았고 함께 폭행했던 다른 가담자들도 많게는 10년 이상의 징역형을 받았습니다. 그들이 행한 끔찍한 행동을 비추어 보면 전혀 과하지 않은 형량이지만, 주동자인 이 병장을 제외한 다른 병사들을 생각해 보면 이런 생각도 듭니다. '이 병사들이 이 병장이라는 악마를 만나지 않았다면 이런 끔찍한 폭행 사건의 가해자가 되었을까?' 만약 이 병장과 만나지 않았더라면 아무 일도 없이 군 생활을 마치고 제대했을 수도 있습니다. 윤 일병도 처참한 죽음을 맞이할 일이 없었을 테고요. 그렇다고 이 병장에게만 죄를 묻자는 건 아닙니다. 그만큼 인간관계가 우리에게 끼치는 영향이 지대하다는 겁니다.

연애도 마찬가집니다. 지금 여러분이 하는 연애는 현재뿐 아니라 미래에도 영향을 끼칩니다. 우정이나 비즈니스의 관계보다 영향이 더 크지요. 연애는 습관이 되기도 하고, 결혼으로 이어지기도 하니까요. 실질적으로 이득이 되는 연애를 하라는 말이 절대로 아닙니다. '행복해지기 위한' 연애를 하라는 겁니다. 명심해야 합니다. 연애, 운동, 우정, 일, 여행, 기타 등 우리 행위의 모든 목적은 행복해지기 위한 겁니다. 이 점을 망각해서는 안 됩니다.

제가 나쁜 연애와 좋은 연애를 가르는 기준도 바로 행복에 있습니다. 지금 여러분의 연애가 현재와 미래의 행복에 다가가는 연애인지, 멀어지는 연애인지가 그 기준입니다.

이 챕터는 지금 나쁜 연애를 하고 있는 분들, 또 나쁜 연애를 하기 직전에 있는 분들이 보낸 고민을 카운슬링해 드린 결과물입니다. 함께 읽으면서 어떻게 해야 행복한 연애를 할 수 있는지, 지금 내가 하는 연애는 나쁜 연애인지 착한 연애인지 고민해 봅시다.

✱ 누군가 연인이 있는 사람과 만나는 상황이라면 그 누구에게도 이해받지 못하겠죠. 하지만 그들 나름의 사정이 있기도 하더군요. 처음부터 그러고 싶어서 그렇게 된 게 아닐 때도 많고요. 조금 자극적일 수도 있지만 우리 모두 열린 마음으로 첫 번째 사연을 만나 봅시다.

✉ 여자친구가 있는 남자와 섹스파트너로 지내고 있어요

한지민

저와 파트너로 지내는 그 남자는 회사 입사 동기입니다. 팀 회식 날이었어요. 둘 다 거나하게 취한 뒤, 그 친구가 우리 집까지 데려다 주겠다고 하면서 일이 시작되었죠. 사실 그때까지는 서로에게 호감만 느끼고 있었고요. 당시 저는 사귀던 남친과 헤어질 무렵이라 많이 힘들었어요. 그때 다가온 이 친구가 큰 위로가 되었지요.

남친과 헤어진 날도, 직장 상사에게 깨진 날도, 단둘이 술자리를 가졌고 어쩌다 보니 그 술자리의 끝은 모텔이나 그 친구의 집 또는 우리 집이 되었습니다. 정신적 스트레스가 많은 회사였는데, 그럴 때마다 자주 술 한잔 하며 어려움을 토로하고 고민을 나누는 게 의지가 되었죠. 더 솔직히 말하자면 이 친구와의 섹스도 좋았어요. 문제는 이 친구가 사귀는 여자친구가 있단 겁니다. 이 친구는 저와 섹스는 할지언정 여자친구가 항상 우선순위예요. 저도 그런 사실을 알고 시작한 관계이기에, 그

친구가 여자친구와 문제가 생기지 않도록 조심했어요.

그런데 요즘은 계속 이렇게 지내도 되는 건가 싶습니다. 일단 상도덕(?)이 아닌 짓을 계속하고 있다는 죄책감이 들고, 저도 사람인지라 쿨하게 섹스만 하게 되지는 않더군요. 제가 그 친구를 독점적으로 갖고 싶다는 욕망도 생기고요.

일단 지금 제가 생각하는 선택 사항은 세 가지입니다.

첫째, 내 남자친구로 만든다. 하지만 이러기엔 바람을 피웠던 남자라는 게 걸려요. 제 버릇 개 못 준다고 하잖아요. 물론 그 친구는 지금 여친이 항상 우선이기 때문에 그녀를 버리고 저에게 올지도 미지수입니다.

둘째, 지금처럼 회사에서 좋은 동료, 술친구, 섹스파트너로 지낸다. 이 관계는 떳떳하지 않고, 제 맘이 더는 쿨해지지 않는다는 게 문제예요.

셋째, 철저히 회사 동료로서만 지내며, 더는 이런 상황을 만들지 않는다. 근데 제가 술을 마시면 자제력이 없어지고, 취하면 그와 자고 싶다는 생각이 듭니다. 물론 그와 술을 안 마시면 되겠지만, 그러면 회사 생활이 너무 재미없어질 것 같아요.

저는 어떻게 결단을 내려야 할까요? 이것 말고 제가 취할 수 있는 다른 대안이 있을까요?

이러면 안 된다. 정신 차려라. 그건 나쁜 짓이다. 이런 얘기는 누구나 할 수 있으니 저는 조금 다른 얘기를 할게요. 지금 지민 씨의 상황에는 세 명이 연관되어 있습니다. 지민 씨, 지민 씨의 동료, 그리고 그의 여자친구. 만약 제가 지민 씨 동료나 그 여친에게 이런 얘기를 들었다면 같이 욕을 해주겠지만 저한테 카운슬링을 요청하신 분이 지민 씨니까 최대한 지민 씨 편에서 의견을 드릴게요.

어릴 때는 남친 여친, 남편 아내 이렇게 이상적인 1대1 관계만 생각하지만, 어른이 되고 사회생활을 하다 보면 남녀 간의 관계가 정말 복잡하고 다양하다는 걸 알게 되죠. 지민 씨의 경우도 엄연히 남녀 사이의 문제고, 사실 꽤 흔한 경우죠. 이런 관계를 계속 유지하려면 두 가지 전제가 있어야 합니다. 먼저, 남자에 대한 소유욕이 없어야 하고 둘째, 욕먹을 각오 내지는 죄책감으로부터 자유로운 뻔뻔함이 있어야 합니다.

그런데 지민 씨는 두 가지 다 아니네요. 이미 남자에 대한 독점 욕심도 생겼고 죄책감과 불안감도 생겼어요. 소유욕과 죄책감 없는 사람이 어디 있느냐고 묻는다면, 의외로 그런 사람들도 많습니다. 금지된 사랑에서만 느낄 수 있는 강렬한 쾌감 때문이죠. 그러니 지민 씨는 시간이 지날수록 괴로우실 겁니다. 어느 순간이 지나면 남자 동료와의 관계를 통해 얻는 위안과 쾌감보다 짜증과 괴로움이 더 커지는 변곡점이 옵니다. 이미 슬슬 오고 있는 것으로 보이네요.

문제는, 그때가 오고 나면 현명한 판단을 내리기 어려워진다는 거죠. 이미 그쯤 되면 머리도 복잡하고 마음도 복잡하거든요. 그러니 그때가 오기 전에 정리하는 게 더 낫겠죠? 그리고 지민 씨의 선택지에서 아예 그 남자로부터 여자친구를 떼버리고 1대 1의 관계로 발전시키는 방법은 포기하세요. 상도덕을 떠나서 결과가 좋지 않을 확률이 높습니다.

지민 씨가 그 남자분과 관계를 빨리 정리해야 하는 또 다른 이유는, 그 남자 덕분에 외로움을 채우고 위안을 얻다 보니 다른 남자를 찾으려는 의지가 자기도 모르게 약해진다는 데 있습니다. 잘 정리하시고 불안과 죄책감 없이 정신적, 육체적 교감을 나눌 남자를 찾는 데 성공하시길!

PS. 악녀의 전술 하나 알려드릴까요? 제 고객(?)이신 지민 씨에게만 유리한 사악한 전술이 있습니다. 지금 만나고 있는 회사 동료와의 관계를 끊지 않은 상황에서 다른 남자친구를 만드는 겁니다. 그러면 지민 씨에게는 선택지가 하나 더 생기는 것뿐만 아니라 동료남이 지민 씨를 대하는 태도도 완전히 달라질 겁니다. 지민 씨가 새 남자친구에게 신경 쓰게 되면서 동료남은 자기도 모르게 지민 씨 쪽으로 더 기울게 되죠. 더 매달리는 식이 된달까요? 자동으로 지민 씨는 남자 마음을 애태우는 밀당의 귀재가 되는 거죠. 인내심도 필요 없고 쿨한 척할 필요도 없어요. 바람둥이들이, 나쁜 남자들이 여자를 안달 나게 하고, 악녀들이 남자들을 애태우는 원리랍니다.

미리 말했지만 오직 지민 씨에게만 유리하고 연관된 나머지 모든 사람을 기만하는 사악한 전술이긴 합니다. 하지만 무척 효과적이죠. 지금도 지민 씨는 도덕적으로는 나쁜 행동을 하고 있지만 더 나쁜 사람이 될 자신이 있다면, 비난을 감수할 자신이 있다면 실행하세요. 선택은 지민 씨의 몫입니다.

▶ 지만 씨의 사연을 함께 보니 어떤가요?

어떤 분은 이해가 안 간다고 고개를 갸웃할 수도 있어요. 왜 저렇게까지 남자를 만나야 하지? 차라리 혼자 지내는 게 낫지 않아?

그러나 우리는 때로 지독하게 외로워집니다. 오직 타인의 체온으로만 채울 수 있는, 그런 쓸쓸함이 우리 가슴을 허전하게 만들 때가 있죠. 인간이라는 단어의 한자를 풀이해 보면, '사람', '사이'. 즉, 사람과 사람 사이라는 뜻입니다. 진정한 행복은 오직 함께 나눠야만 의미가 있습니다. 예를 들어 볼까요?

이 글을 읽고 있는 당신이 으리으리한 호화저택에서 매일 최고급 식사를 하고 넓은 개인풀과 운동시설까지 이용할 수 있다고 칩시다. 다만, 사람을 만날 순 없어요. 오직 혼자 살아야만 하는 운명이라고 칩시다. 행복할까요? 건강한 몸과 막대한 재산이 당신을 행복하게 만들어 줄까요? 재산도, 권력도, 매력도 타인과의 관계에서만 의미가 생기는 법이지요. 그러니 외로움을 과소평가하지 마세요. 외로움은 나쁜 연애에 빠져들게 하는 주범이기도 하답니다.

✱ 이런 경험들 없으신가요?
  분명히 헤어졌는데 그 남자를 끊지 못하고 자꾸 만나게 되는 상황. 다신 이러지 말아야지 하면서 정신 차려 보면 그 남자와 누워 있는….
  헤어진 듯, 안 헤어진 듯, 헤어진 우리.

헤어진 남친과 스킨십을 하게 됩니다

제니

안녕하세요?

미국에서 〈마성의 카운슬러〉가 업데이트되는 대로 빼먹지 않고 읽고 있는 12학년 학생입니다. 저는 친한 사람이 아니면 마음을 잘 못 여는 내성적인 성격이에요. 공부도 뛰어나게 잘하지는 못하는 평범한 여학생이죠. 이런 저와 한 달 반 정도 사귄 사람이 있는데, 그는 저와 반대로 성격도 활발하고, 공부도 잘하고, 인기도 많고, 여자 경험도 많았습니다.

처음에 그 애가 사귀자고 했을 때 '얘가 지금 나랑 장난하나?' 싶었고, 좋으면서도 혹시나 절 바보로 만들까 봐 내내 불안했습니다. 저는 남자에게 처음 고백을 받았거든요.

그런데 혹시나 했더니 역시였어요. 여자의 직감은 틀리지 않더군요. 저랑 사귄지 한 달 반 뒤, 자기가 요새 다른 여자한테 작업 중이라며, 저보고 어쩌면 좋겠냐고 묻더라고요. 그날로 헤어져 버렸죠.

저희는 헤어졌어도 친구로 남기로 했습니다. 저녁마다 메신저로 얘기하고, 학교에서 만나도 어색하지는 않아요. 걔가 완벽히 믿을 만한 사람이 아닌 것 같아서 진심으로 좋아하진 않았었거든요. 그런데 문제는 제 몸의 반응입니다. 포옹, 키스까지 그 애와 처음 해봐서인지, 그 애만 보면 스킨십을 하고 싶어요.

사실 며칠 전, 항상 같이 가던 공원에서 이것저것 얘기하다가 제가 참지 못하고 그 애에게 막 키스해 버렸어요. 그 애는 새 여친과 잘 사귀고 있는데 말이죠.

욕정을 참지 못하는 저 자신이 부끄럽네요. 어떡하면 인간답게 자존심을 지키고, 이런 마음이 안 들게 할 수 있을까요?

그 남자, 그리고 그 남자의 여자친구에 대한 예의 문제는 너무 당연한 이야기니 생략할게요.

우선, 우리 사회의 고정관념 하나를 짚고 넘어가죠. 이건 고정관념일 수도 있고 '사회적 통념' 정도로 부를 수도 있겠네요. 남자와 여자, 각각에 대해 사람들이 기대하는 가치가 다르다는 겁니다.

'무직인 남자와 무직인 여자' 우린 어느 쪽에 더 엄격할까요? 당연히 남자입니다. '여성 편력이 많은 남자 vs 남성 편력이 많은 여자' 우린 어느 쪽에 더 엄격할까요? 당연히 후자입니다. 이런 식으로 우리 사회에서는 상황마다 남녀에게 각기 다른 가치 기준을 적용한다는 겁니다. 어떤 상황은 남자에게 엄격하고, 어떤 상황은 여자에게 더 엄격하죠. 이는 스킨십에 대해서도 마찬가지입니다. 남자가 스킨십을 적극적으로 추구하는 건 어느 정도 당연하게 여기고 이해하지만, 여자가 적극적으로 스킨십을 갈구하면 이상한 시선으로 보는 경우가 많죠. 미국에서는 어떤지 모르겠습니다만, 제니 씨의 메일을 보면 제니 씨 스스로 그런 통념을 어느 정도 갖고 계신 것이 느껴지네요. 그러나 그건 통념일 뿐입니다. 남자를 보면 안고 싶고 입 맞추고 싶은 마음이 드는 게 절대 이상하거나 이해할 수 없는 행동이 아닙니다. 본능이죠. 다만, 앞에서 얘기한 사회적 통념이 그런 본능을 제어하고 있을 뿐이죠. 그러니 제니 씨의 그런 마음에 대해선 좀 더 편하게, 당당하게 생각하셔도 될 듯합니다. 단정지을 수는 없지만 넘치는 욕정이 연애에 활력소가 되는 건 맞는 것 같아요. 욕정은 조금 불편할지언정, 부끄러운 것은 아닙니다.

문제는, 제니 씨가 육체적 욕구를 품은 남자에게 다른 여자친구가 있다는 거죠. 이 경우는 지금 당장은 몰라도 미래에 분명 후유증을 남길 확률이 높습니다. 자존감 이야기를 하셨는데, 맞습니다. 내가 세컨드라는 걸 알면서도 그 남자를 안고 입 맞추고 싶은 마음이 깊어지다 보면 자존감이 무너지고 결국 마음이 황폐해집니다. 만약 이런 고민을 전혀 안 하고 남자를 적극적으로 즐기는 여자라면 차라리 정신 건강 차원에서는 나을 겁니다. 남들에게 욕먹고 손가락질은 당하더라도 본인은 아주 즐겁게 인생을 살 수 있죠. 그러나 이미 고민을 하는 걸 보면 그런 캐릭터는 아니네요.

이런 상황이 위험한 또 하나의 이유는 한번 이런 식으로 자존감이 무너지고 나면 다음에 또 비슷한 식의 연애를 되풀이할 가능성이 커진다는 거죠. 그러니 육체적인 욕망을 함께 나눌, 다른 짝이 없는 상대를 찾는 것이 좋겠네요. 될 수 있으면 정신적인 교감도 함께 나눌 수 있는 일반적인 남자친구라면 더 좋겠고요!

✱ 끌려다니는 연애를 해보신 적 있나요? 아무리 마음을 다잡아도 그 사람 앞에서 무너져 내리는 의지. 결국 또다시 질질 끌려가고 있는 나.
그런 느낌이 드는 연애는 항상 결과가 좋지 않죠. 다음 사연을 함께 보시죠.

✉ 제가 하는 것도 연애인가요?

이유리

저는 이십대 중반 평범한 취준생이에요. 작년 초부터 한 남자와 만났다, 헤어지기를 반복하고 있습니다. 싸우고 나면 헤어지자고 말하는 사람은 항상 그 남자였어요. 저는 울면서 붙잡았고요. 얇은 끈 같은 만남을 지속할수록 저는 더 외로워져만 갔습니다.

연애 초반에는 자신의 일거수일투족을 시시콜콜 먼저 보고하던 사람이었는데, 시간이 지날수록 변하더라고요. 어디서 뭘 하고 다니는지 전혀 알 수가 없었습니다. 궁금해진 제가 "오빠. 대체 어디야?"라고 먼저 카톡을 보내면, 내가 자길 감시하는 것 같다며 답답해하더라고요. 그 남자의 변한 모습에 실망한 저는 짜증과 투정을 입에 달고 살았어요. 이런 제 행동이 그 사람을 질리게 했을까요?

여기서 저희의 상황을 잠깐 말씀드릴게요. 그 사람은 부유한 집안에서 어려움 없이 컸고, 저랑 만나는 동안에도 집에서 지원해 준 사업을 시작하느라 바쁜 상황이었습니다. 반대로 저는 평범한 집안에서 태어나 대학을 다니다가 하고 싶은 공부가 따로 있어서 자퇴한 상태였고요. 이 말인 즉슨, 그 사람은 바빴고, 저는 시간이 꽤 있었다는 겁니다. 그래도 저는 바쁜 그 사람을 이해하려고 노력했습니다. 그가 일하는 시간에는 먼저 연락하지도, 만나자고 조르지도 않았어요. 그러다 밤늦게 통화라도 되면 온종일 쌓인 섭섭함을 토로하고 말았죠. 이게 반복되니까 그 사람도 지쳤나 봐요.

하루 종일 자기만 보는 제가 부담스럽대요. 근데 저는 저를 이렇게 만든 원인이 그 사람의 변한 행동 때문이라고 생각해요. 연애 초반에는 말하지 않아도 어디서 뭘 하는지 제가 다 알 수 있게 해줘서 불안하지 않았는데, 이제는 하루 종일 어디서 뭘 하는지, 누굴 만나는지, 알 수도 없고, 제 안부조차 묻지 않으니까요.

얼마 전, "기념일에 뭐할까?" 묻는 저에게 일이 바쁜데 그깟 날이 대수냐며 상처를 주기도 했어요. 그 사람은 "나는 허튼짓 안 하는데, 니가 의심하니까 짜증이 나"라고 합니다. 그렇게 서로에게 상처만 주다가 또 헤어졌어요.

이별 후 3주 정도가 흘렀고 우리는 다시 연락을 주고받기 시작했습니다. 일상적인 안부를 주고받는 끝에, 그 사람이 전에 같이 갔던 모텔 얘기를 꺼내더라고요. 그 사람은 내가 아직 자기를 좋아한다는 걸 너무 잘 알고 있었어요. 제 마음에선 두 가지 생각이 싸우고 있었습니다.

'이 사람에게 난 그냥 한 번 더 자기 쉬운 전 여친이구나…. 그래도 혹시 내가 정말 보고 싶었던 건 아닐까?' 제 마음은 후자로 기울었고, 후회할 만한 짓을 저지르고 말았습니다. 그 사람과 자고 난 뒤에 대놓고 물어봤어요. "오빠, 나랑 다시 만날 생각이 있는 거야?" 그랬더니 그 사람이 구구절절, 이렇게 말하더라고요.

"당분간은 복잡한 생각하기 싫어. 우리가 다시 만나면 니가 또 울고불고할 일이 많아질 거 아니야. 난 이렇게 가끔 편하게 만나서 영화 보고, 밥 먹고, 커피 마시는 게 나을 것 같아. 이러다 괜찮으면 다시 만날 수도 있는 거고. 난 니가 싫어서 헤어진 게 아니야. 니가 나를 너무 힘들게 해서 그게 싫었던 거지. 지금 우리 관계를 어떤 한 가지로 꼭 정의 내리지 말자. 지금 너는 미래가 불투명하잖아. 너한테 중요한 건 내가 아니라 니가 하고 있는 그 공부야. 너 시험 붙으면 그때 제대로 연애하자."

차라리 그 사람이 "나 그냥 몸이 외로운데 나랑 한번 잘래?" 이렇게 말했으면, 쓰레기라고 생각한 뒤에 쉽게 잊을 수 있었을 텐데, 그건 또 아니니, 희망고문이 따로 없습니다. 이제 그 사람은 저한테 일과를 자연스럽게 얘기하고, 어디 가면 사진을 찍어서 보내요. 이상한 상상하지 말라면서요. 대체 제가 하는 연애는 뭘까요?

결론부터 얘기하겠습니다. 그림 같은 사랑만 사랑이 아닙니다.

우리는 어릴 때부터 정답을 찾는 데 익숙해져 있습니다. 연애할 때도 이런 경향이 나오죠. 서로 생각하는 마음이 똑같고, 믿어주고, 그 믿음에 보답하고, 같은 목표를 지향하고, 서로를 끊임없이 챙기고, 서로에게 서로밖에 없고, 함께 미래를 설계하고요. 물론 그렇게 순탄하게 이뤄지는 연애도 있지만 세상에는 안 그런 연애가 훨씬 더 많습니다.

유리 씨의 긴 사연을 관통하는, 본인을 힘들게 만든다는 것들을 간단하게 정리하면 이겁니다.

"제가 남자친구를 생각하는 것과 남자친구가 저를 생각하는 것이 너무 달랐죠."

당연하죠. 다른 게 당연한 겁니다. 연애하는 커플끼리 서로의 가치관과 연애하는 방식, 좋아하는 정도가 모두 비슷한 커플은 굳이 비율로 따지면 1% 미만일 겁니다. 남친을 대하는 유리 씨의 생각과 방식을 남친에게 강요하지 마세요. 거기서부터 시작하는 겁니다. 마음의 여유가 좀 더 생기면 소유욕과 의심도 줄여 보세요. 물론 맘껏 소유하고 치열하게 의심하는 연애도 그 나름의 맛이 있죠. 저도 그런 식의 연애를 꽤 즐겼던 사람이고요. 그러나 유리 씨가 이메일 제목에 쓰셨잖아요. 너무 힘들다고요. 너무 힘든 사랑 방식은 사랑 자체를 목조를 수 있습니다. 특히 상대에게까지 그런 방식을 강요한다면요.

물론 유리 씨가 묘사한 남친의 모습은 아주 미성숙하고 불완전한 남자의 모습입니다. 그러나 모든 사람은 배우고 성장합니다. 시간이 지나면 유리 씨의 남친도 지금의 변덕스럽고 자기 멋대로인 연애 스타일에서 여친을 배려하는 성숙한 남자로 발전할 수도 있죠. 유리 씨의 남친은 유리 씨에게 여자로서의 매력은 충분히 느끼고 있는 것으로 보입니다. 다만 유리 씨가 남친을 대하는 방식이 부담스럽고 한심해 보이는 겁니다. 그러니 만만해 보이기도 하고요. 자, 그러면 처방전을 드릴게요.

변화하세요. 쿨하고 당당한 스타일로요. 쿨하고 당당한 여자를 싫어하는 남자들도 많지만 유리 씨의 남친은 이런 쪽에 더 끌리는 남자로 보입니다. 유리 씨 자신에게 딱 6개월의 시간을 줘 보세요. 대신 그동안 유리씨도 확 변화된 모습을 보여 주시고, 취업도 성공하시고, 남친을 대하는 태도도 좀 더 쿨한 방식으로 바꿔 보세요. 그리고 남친의 변화를 살펴보세요. 남친이 전혀 변화가 없다면, 6개월 뒤에 깨끗이 접으세요.

유리 씨하고 비슷한 고민으로 힘들어하신 독자분들 꽤 계시리라 믿습니다. 이런 비슷한 내용의 사연이 많이 왔었거든요. 어떤 독자님은 궁금하기도 하실 겁니다.
"내가 보기엔 비슷한 상황 같은데 왜 어떤 사연에는 헤어지라고 하고, 어떤 사연에는 더 노력해 보라고 할까?"
힘든 상황에서 제가 GO와 STOP을 결정하는 요인은 두 가지입니다. 먼저, 상담자가 상대를 여전히 사랑하느냐. 둘째, 노력했을 때 좋아질 가능성이 보이느냐. 이 두 가지 요인이 충족되면 아무리 힘든 상황에서도 헤어지라는 말은 하지 않습니다.

✱ 내 눈에는 아무것도 보이지 않지만 남들 눈에는 훤히 보이는 그런 문제가 있죠.
그 무덤에서 빠져나온 뒤에야 결국 깨닫게 되는 문제 말이죠.
때로는 아예 하지 말아야 할 연애도 있답니다. 바로 다음 사연 같은 경우죠.

 이 남자 진심인가요?

박진희

대방동에 사는 평범한 여고생입니다.

연락한 지 석 달 정도 된 아는 오빠가 있어요. 지금까지 딱 두 번 데이트했습니다. 그 오빠는 올해 스물다섯 살, 저와 일곱 살 차이가 나는 어른이에요.

오빠를 두 번째 만난 날, 저한테 이런 말을 하더라고요. "나는 너 좋아서 만난다. 넌 나 싫어? 나한테 여자번호 많은데 니가 좋아서 너만 만나고 있어." 근데 이 말이 진심인지 아닌지 모르겠어요. 솔직히 이 오빠는 훈훈한 편이고, 저는 외모와 몸매가 많이 부족해요. 뚱뚱하고 예쁘지도 않은 편인데, 오빠가 그렇게 말하니까 설레더라고요.

그런데 한편으로 생각하면 고작 두 번 만나고 이런 얘기를 하니까 입바른 소리를 하는 것도 같아요. 아! 오빠가 저한테 이런 말도 했어요. "너 살 빼면 오빠가 만나 줄게." 제가 먼저 오빠랑 본격적으로 사귀고 싶다고 했더니 살 빼면 사귀어 준다고 6월까지 10kg을 빼라고 하더라고요. 그러면서 자기는 고등학생 때 두 달 만에 15kg을 뺐다고, 너도 할 수 있다고 응원까지 해주는 겁니다. 대체 이 오빠의 진심은 뭘까요?

오빠가 진심으로 진희 양을 좋아하는 것 같으냐고 물어보신 거죠? 마음 아프실 수 있지만, 아닙니다. 25살 남자가 18살 여고생에게 살 빼면 사귀어 준다고 말했다고요? 그 오빠와 어떻게 아는 사이인지는 모르겠지만, 깊은 사이로 발전하지 않는 게 좋을 듯합니다. 나이 차이, 미성년자와의 문제를 떠나서도, "남자는 여자가 좋으면 바다도 건넌다"는 말이 있습니다.

연락한 지 석 달 정도 되는데 두 번 만났다고요? 그냥 재미 삼아, 흥미 삼아 여고생하고 데이트해 보고 이런 소리 저런 소리 던진 것으로 보이는군요. 하지만! 계기가 어떻든 간에 이 오빠 때문에 살도 빼고 예뻐지신다면 그것 자체는 좋은 일이죠.

가슴 아픈 얘기, 하나만 더 할게요. 아마 이 오빠에겐 진희 양처럼 가끔 연락해서 이런 소리 저런 소리 하는 여동생들이 15명쯤은 있을 겁니다. 그러니 그 오빠는 잊어버리세요. 그래야 더 괜찮은 오빠, 내지는 남자친구를 만날 테니까요.

박진희 양의 카운슬링에 이어서 바로 같은 여고생의 사연 하나 더 보죠. 그 뒤에 몇 가지 코멘트를 해보겠습니다.

✱ 영화 <대부>에는 이런 대사가 나옵니다. "거절할 수 없는 제안을 하나 하지."
연애 중에도 절대 잘 되기 어려운 연애가 있습니다. 남녀의 처한 상황이 지나치게 기울어져 있을 때도 그렇죠. 거절할 수 없는 조언을 들어 보시죠.

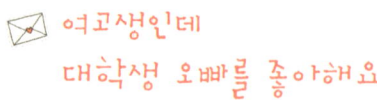
여고생인데
대학생 오빠를 좋아해요

윤수아

전 올해 고3이 되는 열아홉 살 여학생입니다. 지금이 연애할 때는 아니지만 저도 사람인지라 그에 대한 마음을 접지 못하고 있어요.

그는 옆집에 사는 한 살 연상의 오빠입니다. 동아리 선배라 재작년부터 알고 지낸 사이고, 집도 바로 옆이다 보니 오가는 길에 자주 마주쳐요. 그러다 보니까 자연스레 호감이 생기더라고요.

문제는 이 오빠가 제가 고1 때 사귀었던 전 남자친구의 절친이라는 점입니다. 또 작년 초까지 사귀었던 여자친구를 아직 잊지 못하는 것 같아요. 게다가 오빠는 이제 대학교에 입학하니, 여자를 만날 폭도 넓어져서 새로운 여자를 사귈 수도 있겠죠. 그에 비해 전 아직 고등학생이니까 오빠의 눈에 찰 일이 없을 것 같아요. 우리 앞에 놓인 여러 가지 문제들이 많은데, 오빠를 좋아하는 마음은 계속 커지고 있어서 괴롭기만 하네요. 그냥 포기하는 게 답일까요? 눈 딱 감고 고백해 볼까요?

대학생과 고등학생의 연애, 이건 답이 빤합니다. 고등학생이 정말 독하지 않으면 결국 데미지만 잔뜩 안고 졸업하게 됩니다. 적어도 제가 지금까지 본 케이스는 대부분 그랬어요. 아직 진지하게 만나는 사이는 아니신 것 같은데 깊은 사이로 발전하지는 마세요.

가장 좋은 방법은 '오빠가 좋아할 만한 멋진 대학생이 되어 오빠를 만나야겠다!'는 식의 마인드를 갖는 겁니다. 올해 고3이 된다고 하셨는데, 원동력이 되겠지요? '내가 고3인 동안 오빠는 다른 여자 만나려면 맘껏 만나. 나 대학 들어가면 오빠도 나 좋아하게 될 걸?' 이런 식의 자기 암시도 아주 좋죠. 물론 수아 양이 대학에 들어가면, 오빠보다 멋진 남자를 보게 될 가능성이 120%랍니다.

제가 앞의 세 번째 챕터 <애송이의 사랑>에서 어린 학생들의 연애를 적극적으로 응원하고 심지어 조기연애의 중요성을 역설했던 부분 기억하시나요? 그런데 지금 연애 상담한 두 명의 여고생에게는 부정적인 결론을 내린 이유는 무엇일까요?
이별을 고민하는 분들을 카운슬링을 할 때 GO와 STOP을 결정하는 제 기준을 다시 말씀드리죠.

1 상담자가 상대를 여전히 사랑하느냐.
2 노력했을 때 좋아질 가능성이 보이느냐.

이 두 가지 요인이 충족되면 아무리 힘든 상황에서도 헤어지라는 말은 하지 않는다고 했습니다. 미성년자의 연애도 마찬가지입니다. 지금 연이어 상담해 드린 여고생 두 분은 2번 항목에서 가능성이 보이지 않습니다. 오빠들에게 매달리고 끌려다니고 힘들어하다가 대학 진학에도 큰 피해를 볼 확률이 높아 보이거든요.

집중해야 할 시기에는 힘든 연애는 시도하지 마세요. 특히 입시를 코앞에 둔 시기에는 더더욱 조심해야겠지요. 같이 공부하고 서로를 응원해 주는 그런 연애라면 대환영이고요. 저만 해도 고3 때 절 잡아주고 같이 공부해 준 여자친구 덕분에 수능점수가 10점은 더 나왔다고 자부합니다. 고마워 경진아.

아, 여담으로 수정 씨는 상담 후에 마음잡고 입시를 잘 치른 다음에 더 멋진 남자친구를 만나겠다는 각오가 담긴 답장을 보내왔어요. 파이팅!

영화 <생활의 발견>에는 이런 대사가 나옵니다.

"인간답게 살기는 어렵지만 괴물은 되지 말자."

저는 이렇게 말하면서 이 챕터를 끝낼게요.

"좋은 연애만 하기는 어렵지만 바보는 되지 말자."

CHAPTER 7

바람이
분다

바람, 바람, 바람

연애라는 것은 어디까지나 감정과 욕망의 산물입니다. 바꿔 말하면 연애란 유한할 수밖에 없다는 것이죠. 우리의 감정이나 욕망은 길고 긴 수명에 비해 유한하기 짝이 없기 때문이죠. 누군가를 좋아하고 원하는 마음이 사그라지는 것은 매우 자연스러운 일입니다. 혹자는 변하는 것은 사랑이 아니라고 하고, 사랑의 항구성을 찬양하는 수많은 시와 노래도 있죠. 오죽 사랑이 짧고, 잘 변하면 그러겠습니까?

문제는 상대편입니다. 내 마음이 변해서 다른 사람을 찾는 일은 탓할 일이 아니지만 상대는 어쩌란 말입니까? 그래서 변심한 사람이 욕을 먹죠. 특히 변심한 연인 때문에 고통받은 경험이 있는 사람들은 남의 경우에도 광분하기 마련입니다. 그렇다고 마음이 변했는데 억지로 관계를 질질 끄는 일도 참 못할 짓이죠. 그런 행위 역시 기만행위임이 틀림없습니다.

그렇다면 마음이 식으면 바로 통보해야 할까요? 바로 이 혼란스러운 지점에서 바람이 붑니다. 기존의 연인을 둔 채 다른 사람을 만나는 행위죠. 결혼한 경우에는 부정행위나 불륜이라는 다소 섬뜩한 표현을 쓰기도 합니다.

  이 챕터는 바람피우는 사람들, 또는 바람피우는 연인을 둔 사람들의 고민 사연을 상담하는 챕터가 되겠습니다. 미리 밝히자면 바람피우는 일은 나쁜 짓이라고 무작정 비난하는 태도는 지양하려고 애썼습니다. 그런 식의 태도는 문제 해결에 전혀 도움이 되지 않으니까요. 최대한 현실적이고 냉정하게 카운슬링하도록 애썼습니다. 그러니 다소 불쾌하거나 분노하게 만드는 부분이 있더라도 양해 바랍니다. 앞에서 얘기한 것처럼 연인이 바람피웠던 아픔이 있는 이들은 그때 기억을 떠올리는 것만으로도 고통스러우니까요.

* 여자와 달리 남자의 성적욕구는 본능이라는 이름으로 곱게 포장되기 일쑤죠. 과연 여자는 남자의 성적욕구를 어디까지 이해할 수 있을까요? 아니 성적욕구를 바람직하지 않은 방법으로 해소하는 남자를 어디까지 이해해야 할까요?

다른 여자와 자는 남자친구, 괜찮나요?

김서연

저는 현재 남자친구와 5년째 연애 중이며, 아직 구체적인 계획은 없지만 결혼까지 약속한 30대 여자입니다. 서로의 직장 때문에 3시간 정도 걸리는 거리에 떨어져 있어 주말에만 만나곤 합니다.

그런데 얼마 전, 남자친구가 일 년 넘게 자는 여자 동료가 있다는 사실을 알게 되었습니다. 주로 주중에 술을 마시고 잠자리까지 같이하는 것 같습니다. 주중에는 떨어져 있는 대신 수시로 연락을 하며 저를 위해 노력한다고 생각했는데, 저에게는 직장 상사나 동료들과 술 마신다고 거짓말하고는 그런 짓을 하고 다녔다니. 그 사실을 믿을 수가 없었습니다.

제가 어떻게 해야 할까요? 둘은 무슨 관계일까요. 연인 사이가 아닌데도 잠을 자는 관계가 흔히 있는 일인가요? 너무나 좋은 남자친구였는데 이런 짓을 한 것 보면 제가 남자친구를 잘 몰랐던 걸까요?

헤어져야 할까요? 저에게 용서를 빌면 다시 받아 줘야 할까요?

왜 어떤 남자는 바람을 피우고 어떤 남자는 그렇지 않을까요? 그 이유를 명확히 밝히기 어렵다면, 바람피우는 남자를 알아볼 방법은 없을까요?

여기 있습니다. 100%는 아니지만 상당한 적중률을 자신하는 바람기 테스트를 알려드리지요. 아래의 표는 남자들의 바람기 지수를 알아보는 표입니다. 방법도 단순하니 재미삼아 해볼까요? 내 남자친구(남편)가 해당하는 항목을 고르신 후에 그 점수를 모두 더하면 됩니다.

바람기 지수표

+1점	· 말을 잘한다. · 외향적이다. · 술을 좋아한다.
+2점	· 섹스에 적극적이다. · 건강하다. · 매너가 좋다.
+3점	· 거짓말을 하다 들킨 적이 있다. · 친한 여자 동료, 친구들이 많다. · 모임, 회식, 노는 자리가 잦다.
+4점	· 나를 진심으로 사랑하지 않는 것 같다. · 납득 안 가는 이유로 연락이 안 될 때가 있다. · 과거에 바람을 피우다 들킨 적이 있다.
+5점	· 바람피우는 것을 남자의 본능으로 여긴다. · 주말 부부 또는 장거리 연애 중이다. · 만나는 횟수가 한 달에 세 번 이하다.

+10점	· 섹스리스 커플(부부)이다. · 욕구불만을 어필한다. · 의심이 가는 특정한 여자가 있다.
바람피울 확률	· 0~10점 – 20% 미만 · 11~20점 – 40% 안팎 · 21~30점 – 60% 안팎 · 31~40점 – 80% 안팎 · 41점 이상 – 100%

이렇게 기발한 표를 누가 만들었느냐고요? 마성의 카운슬러 이권양 씨라고 아시는지. 자, 바람둥이 감별법을 염두에 두면서 서연 씨의 카운슬링을 진행해 봅시다. 서연 씨의 상황을 정리하면 이렇습니다.

1 남자친구와 계속 만날 경우 그가 나중에(심지어 결혼 후에도) 다른 여자를 만나 잠자리를 가질 '확률'은 최소 60% 이상입니다.
2 남자친구(남편)가 바람을 피워도 다른 부분들이 좋으니 넘어갈 수 있다면, 서연 씨는 제가 앞에서 언급한 연애의 상대성이론에 따라 행복한 연애(결혼) 생활을 할 수 있습니다.

자, 남들 눈을 생각하지 마시고 자신에게 물어보세요. 확률적으로 앞으로도 다른 여자와 잘 가능성이 많은 남자친구. 그러나 그것 빼고는 서연 씨 표현대로 '너무나 좋은 남자친구'인 그. 계속 만나도 좋은가요? 내가 좋다면, 좋은 겁니다. 그리고 이렇게 물어보셨죠?

"저에게 용서를 빌면 다시 받아 줘야 할까요?"

서연 씨가 용서해 주면 남자친구가 다시는 안 그럴 거라는 생각은 버리세요. 그 확률은 10%도 안 된답니다. 사람은 고쳐 쓰는 거 아니라는 말은 너무 심하게 들릴 수 있지만, 적어도 바람기는 아주 오랫동안, 본인이 늙어 지칠 때까지 지속되는 기질이랍니다.

그리고 마지막으로, 연인 관계가 아닌데 같이 술 마시고 자는 사이가 흔하냐고도 물어보셨죠? 드물다면 용서 안 하시고, 흔하다면 넘어가실 건가요? 남들의 경우는 중요하지 않단 얘깁니다. 서연 씨의 생각과 마음이 중요한 거죠.

* 여자는 가슴 속의 방이 하나라는 말도 있지만 그건 그냥 하는 말이고요. 여자들도 얼마든지 두 명, 또는 그 이상의 남자를 동시에 마음에 품는 경우가 있습니다. 바로 다음 사연의 주인공입니다.

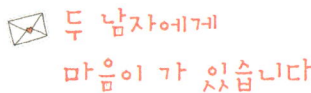
두 남자에게
마음이 가 있습니다

박윤주

저는 21살 대학생이에요. 연애는 다섯 번 정도 해봤고, 지금은 사귄 지 2년이 되어 가는 남자친구가 있습니다.

제가 18살 고등학생 때, 친구로 지내던 동갑내기 남자아이가 있었어요. 그 당시 사귀던 남자친구가 따로 있었지만 그 친구에게 호감을 느껴서, 결국 남친과 헤어지고, 그 아이와 썸을 타게 되었어요. 그때 저는 경기도에 살았고, 그 친구는 청주에 살았어요. 저는 당장에라도 그 아이와 사귀고 싶었지만 그 애가 "난 장거리 연애는 절대 안 한다!"고 못을 박아서, 그 썸이 흐지부지 끝나고 말았어요. 그 아이와 썸이 끝난 뒤, 곧 지금의 남자친구와 사귀게 되었지요. 입시공부에 치여 살던 고3 때 만나서 대학 입학하고, 헌내기가 된 지금까지 잘 만나고 있습니다.

그런데 지난주 어느 새벽 2시, 18살 때 저랑 썸을 탔던 그 아이한테 전화가 온 겁니다. 술에 취한 목소리로 뭐라고 웅얼거리더라고요. 시끄러운 술자리라서 그 아이의 목소리가 잘 안 들렸어요. 저는 카톡으로 말하라고 했고, 잠시 뒤에 카톡이 오더군요.

"너 그때 왜 그랬어? 난 장거리 연애가 싫었지만, 너가 만나자고 했으면 만났을 거야. 왜 더 나한테 다가오지 못했어? 난 널 기다렸는데."

저는 멘붕 상태에 빠졌습니다. 아주 잠깐이지만 마음이 설레기도 했고요. 하지만 단언컨대 그 뒤로는 절대 그런 생각을 하지 않았습니다. 저한테는 지금의 남자친구가 훨씬 더 소중하니까요.

그런데 문제는 일주일 뒤에 일어났어요. 제가 자는 사이에 제 카톡을 남자친구가 봤고, 그 내용을 읽었다는 겁니다. 그날따라 종일 말도 없고, 제 말에 반응이 차갑더라고요. 혹시나 해서 추궁해 봤더니, 제 카톡을 본 게 맞다 하더군요. 남친 앞에서 울고불고 그게 아니라며 상황을 설명한 뒤에 다시 만나고 있긴 합니다만. 사실 제가 남친을 속인 점이 있어요. 제가 먼저 그 남자애에게 예전처럼 친한 친구로 지내자고 말을 꺼냈습니다. 그냥 연락을 끊기에는 저랑 생각도, 마음도 잘 맞는 아까운 친구여서요. 물론 지금 남자친구하고 절대 헤어지지는 않을 거라고 못 박아두긴 했습니다.

혹시 드라마 〈일리 있는 사랑〉을 보셨나요? 유부녀인 주인공이 두 명의 남자를 사랑하게 되는 내용인데, 저는 주인공의 심정이 이해되는 겁니다. 남편에게 느낄 수 있는 익숙함과 따뜻함, 든든함을 사랑하지만, 다른 남자에게서 느껴지는 새로움과 설렘도 사랑하고야 마는 그 마음이요.

저는 지금 남자친구에게 최선을 다하면서 그 남자애와는 그냥 친구로 만나고 싶어요. 하지만 만약에 지금 남자친구한테 이 상황을 들키면 그가 또 힘들어하고 상처받을까 봐 걱정입니다.

살다 보면 마음이 갈릴 때가 있습니다. 이 사람을 사랑하는데 저 사람과의 애정도 고스란히 지속되는 그런 상황. 물론 그 정도가 윤주 씨처럼 육체적인 관계없이 마음만 오가는 경우도 있지만 때에 따라선 양쪽 모두와 육체적 관계를 맺는 경우도 허다합니다. 사회면에 등장하는 수많은 치정사건이 그런 관계들의 결과죠. 흔한 말로 양다리라고 하기도 하고 결혼을 한 사람에겐 불륜이라는 무서운 표현이 붙지요. 많은 사람들이 이 관계를 욕합니다. 본인이 피해자가 될 수 있기 때문이죠. 하지만 반대로도 생각해야 합니다. 내가 가해자가 될 수도 있다고요. "나는 절대 바람을 안 필거야"라고 장담을 하는 사람들 중에 자신과의 약속을 지키지 못하는 경우가 생기거든요.

자, 여기까지는 윤주 씨를 위로하기 위해 윤주 씨 혼자만의 고민이 아니라고 다독여 드렸습니다. 이제부터는 해결책을 드릴게요. 윤주 씨의 남자친구가 그 아이를 불편해하지요? 다행히 남자친구 성격이 온화해서 울며 호소를 했나 본데 욕하고 소리친다 해도 윤주 씨는 할 말이 없는 상황입니다.

질투의 감정도 힘든데, 배신감은 질투보다 더 아프지요. 질투가 찰과상이라면 배신감은 자상입니다. 고백하자면, 저도 그랬어요. 윤주 씨처럼 가해자의 입장인 적도 있었고 피해자의 입장인 적도 있었습니다. 이렇게 물어보겠습니다.

"대가를 치를 자신이 있습니까?"

윤주 씨가 쓴 글의 결정적인 부분을 인용해 볼게요.

"드라마 '일리 있는 사랑'을 알고 계시나요? 유부녀인 주인공이 두 명의 남자를 사랑하게 되는 내용입니다. 주인공 여자가 이해되는 겁니다. 남편의 익숙함과 따뜻함, 든든함을 사랑하지만, 새로움과 설렘도 사랑하게 되는, 이기적이지만 솔직한 마음이."

이게 바로 욕심이란 겁니다. 욕심에는 대가가 따릅니다. 욕심이 크고, 위험할수록, 대가도 크죠. 남자친구를 잃을 수도 있고, 주변의 비난도 각오해야 합니다. 기혼자 같은 경우엔 자녀들의 외면이나 금전적인 보상까지도 각오해야죠. 양다리, 바람, 불륜 다 나쁜 겁니다. 남에게 상처를 주고 자신에게도 위험한 짓이죠. 그래도 본인의 감정을 참기 어렵다면, 하세요. 대가를 치를 각오는 하시고. 나쁜 사람이 될 각오, 비난 받을 각오, 잃을 각오, 그런 각오조차 없다면 답이 없죠. 우린 그런 사람을 가리켜 뻔뻔하다고 합니다.

똑같은 불륜극이었지만 〈밀회〉의 김희애가 욕을 별로 안 먹은 이유는 결정적으로 뻔뻔하지 않았기 때문입니다. '불륜을 저질렀으니 대가를 치르겠다. 내 모든 게 다 날아가도 대가를 치르겠다. 내 사랑은 그 정도로 중요하다.' 이 태도가 시청자들을 설득했던 거죠.

이래라저래라 선택을 강요하거나, 나라면 이렇게 하겠다는 식의 말은 하지 않겠지만, 신중하게 잘 생각해 보시길 권합니다. 착한 연애가 무조건 옳다는 건 아닙니다. 감정에 충실하다 보면 나쁜 연애를 할 때가 있어요. 우리는 매일 같이 밀가루, 단맛, 치맥 등 몸에 안 좋다는 경고를 들으면서도 먹잖아요. 담배 피우면 빨리 죽는다고 그렇게 얘기를 해도, 피우는 사람은 피우잖아요.

연애도 같아요. 나쁜 연애가 가진 그 짜릿함이 대단해서 포기하기가 쉽지 않죠. 그러나 윤주 씨에게 카운슬링해 드렸듯이 어금니 꽉 물고 하셔야 합니다. 안 걸리면 된다고요? 드라마 〈밀애〉에 관련해서 제가 쓴 신문 칼럼을 소개해 드릴게요. 읽어 보세요. 나쁜 연애를 하면서 안 걸리기가 얼마나 힘든지 들어 보세요.

사랑이란 나만 빼고 다 아는 것

드라마 밀회는 성공했다. 시청률로 봐도 그렇고 소위 대중문화 평론가라고 하는 작자들의 평가를 봐도 그렇다. 나는 밀회의 성공이 참으로 통쾌했다. 불륜, 그것도 스무 살이나 차이 나는, 그것도 여자가 스무 살 더 많은! 커플의 이야기로 '고급스럽다'는 말을 들었으니. 처음 밀회 제작발표회 때 뉴스마다 달렸던 비난의 악플들을 생각하면 그야말로 드라마틱한 반전이다. 불가능한 절도에 성공하는 영화를 본 듯한 느낌이랄까?

잔잔한 분위기의 색감과 음악으로 톤다운을 시키고 있으나 드라마 밀회의 본질은 에로스적인 사랑이다. 껍데기뿐인 부부생활과 커리어에 지친 마흔 살 여자가 솔직하고 대담한 열정 앞에 겹겹이 입고 있던 옷을 다 벗어던지는 이야기가 이 드라마의 핵심 테마다. 그래서인지 주인공들의 대사들이 직설적이다. 현란한 수사와 상징이 아닌, 정갈한 진심을 담은 대사들이 유독 많은 드라마가 밀회다.

요즘 가장 유행하고 있는 대사는 '특급칭찬'이다. 작가는 예상 못했겠지만, 여주인공 오혜원(김희애)이 남자주인공 선재(유아인)에게 해준 대사가 제대로 유행을 타고 있다. 정성주 작가가 중년의 여성이어서 그런지 선재의 대사보다는 혜원의 대사가 훨씬 더 와 닿는 것이 사실이다. 오늘 내가 골라본 명대사 역시 오혜원의 대사다.

11회에서 오혜원은 선재와의 관계가 들킬 위험을 감지하고 일단 몸을 수그린다. 답답한 마음에 친구를 만나 자신의 속마음을 털어놓는다. 그때 이런 대사를 한다.

"내가 정말 미친 게, 세상이 다 눈을 감고 있는 줄 알았어. 그런데 정신을 차리고 보니까 세상이 다 감시자야. 다 눈이야."

그렇다. 사랑이란 이런 것이다. 사랑에 빠지면 눈이 멀어버린다는 동서양을 막론한 표현은 'Love is blindness' 연애의 상대를 향한 의미이기도 하지만 동시에 당사자 둘을 제외한 나머지 사람에 대한 '실명'의 상태를 뜻하는 표현이기도 하다. 왜 그럴 때 있지 않나. 학교나 회사에서 나름 몰래 연애를 한다고 하는데 사람들이 다 알면서 지켜보는 경우. 정작 당사자 두 사람만 '아무도 모르겠지?' 하며 들켜버린 비밀연애를 계속하는 경우를 종종 본다.

가난과 기침처럼, 사랑도 숨길 수 없다고 했다. 들키면 안 되는 사랑일수록 더 눈에 잘 띄기 마련이다. 행동이 어색해지니 어쩔 수 없지. 들킬 수밖에 없는 사랑의 속성 앞에 속수무책인 것은 스타도 마찬가지다. 얼마 전 여중생, 여고생들에게 나라 잃은 슬픔을 겪게 만들었던 엑소 백현과 소녀시대 태연의 열애건만 해도 그랬다. 보도가 나가고 당사자들이 연인임을 인정하자마자 그간 팬들이 수집했던 의심스러운 정황들이 와르르 쏟아졌다. 아니, 니들 다 알고 있었니? 정말 세상이 다 감시자고 다 눈이었던 셈. 그런데 밀회는 여기서 한 발짝 더 나가 또 다른 사랑의 속성을 보여준다. 오혜원이 그다음에 이런 대사를 던진다.

"그런데도 선재가 보고 싶어."

이런 이런. 세상이 다 감시자고 눈이라 할지라도, 들켜서 곤란해지고 경우에 따라서는 망신당하고 많은 것을 잃어야 한다 해도 보고 싶은 것이 사랑이다. 인간의 보호본능마저 거스르는 무서운 감정이란 말이다.

드라마 밀회의 재미는 이 대사 이후에 두 배로 증폭된다. 그전까지 이른바 불륜드라마(이런 표현을 쓰긴 정말 싫지만)의 관습적인 진행에 따르면, 들키고 난 뒤 주인공의 행보는 두 가지 중 하나였다. 뭇매를 맞거나 도피하거나. 그런데 밀회는 달랐다. 들켜놓고도 계속 저지르는, 감시자들 앞에서 대놓고 저지르는 불륜의 뻔뻔함이라니! 그럼에도 불구하고 시청자들로 하여금 눈물을 흘리게 하고 둘의 사랑을 응원하게 만드는 힘, 그것이 드라마 밀회의 대단함이었다.

숨어서 사랑하는 이들이여 명심하라. 세상이 다 눈이다. 그래도 괜찮아야, 그래도 보고 싶어야 사랑이다.

어떤가요? 안 들키고 연애하기란 참 어렵죠? 그러니 나쁜 연애를 하실 분은 들켜도 좋다는 각오를 해두시는 게 좋습니다.

사실 연애는 습관의 문제입니다. 마인드가 바뀌면 이성을 대하는 습관도 바뀌거든요. 주변에 이성 친구를 숱하게 바꿔가며 잘도 연애하는 친구들 있죠? 그들의 연애 습관 덕분에 가능한 겁니다.

✱ 분명히 이 남자랑 헤어져야 하는데, 혼자 남았을 때의 아쉬움이 생각나서 헤어지지 못하는 경우, 경험해 보신 적 있나요? 적지 않은 분들이, 이런 문제로 헤어짐을 망설여 봤을 듯하네요.

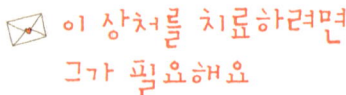
이 상처를 치료하려면
그가 필요해요

박새봄

친한 선배의 절친이던 그의 적극적인 구애로 우린 사귀게 됐어요. 그는 사귀는 1년 가까이 거의 빠짐없이 퇴근 시간에 맞춰 저를 집에 바래다주었고, 온갖 선물과 이벤트로 저를 행복하게 해주었어요.

하지만 시간이 지날수록 그런 자상한 성격이 다 좋은 것만은 아니란 걸 느끼게 됐어요. 워낙 오지랖이 넓고 친화력이 좋아 그의 주변에는 항상 사람들이 많았고 여자들과도 스스럼없이 친하게 지냈어요. 다른 여자들과 항상 너무 친하게 지내서 점점 화가 나는 경우가 많아졌고, 덩달아 친구들과 자주 어울리는 것도 불만이 됐어요. 저는 점점 짜증을 내는 횟수가 늘어가고 있었죠.

그러던 어느 날 정말 우연히도 그의 핸드폰을 열어 보게 되었는데, 그가 점장으로 일하는 레스토랑의 알바생과 나눈 대화가 눈에 들어왔어요. 알바생은 그보다 정확히 12살이 어린 20살짜리 여자아이였고, 유독 그와 자주 연락을 하던 알바생이기도 해서 이름을 기억하고 있었거든요. 그들은 서로를 '자기야'라고 호칭하며 일반 연인들이 나누는 대화를 정말 자연스럽게 나누고 있더라고요.

그 일이 있은 후 모두와 연락을 끊고 일주일 동안 아무것도 안 먹고 매일 울기만 했어요. 주위 친구들과 선배들, 가족들 모두에게 너무 창피했거든요. 사실 그동안 행복한 연애 생활을 SNS에 실컷 올리고 자랑하며 모든 이들의 부러움을 한몸에 받으며 연애를 즐겨왔는데, 하루아침에 새파랗게 어린 알바생에게 남자친구를 빼앗기다니. 모두가 날 비웃고 있을 것만 같았어요.

집 앞에 찾아온 그는 제 앞에 무릎을 꿇고 울면서 용서를 빌었어요. 그 아이에게 마음이 흔들린 것도 아니고, 좋아하는 것도 아니고 그저 불쌍해서 조금 잘해 준 것뿐이라고요. 물론 다 거짓말인 것도 알고 그를 용서할 생각도 없지만 마치 악마의 유혹처럼 그를 뿌리치기가 어려워요. 앞으로 더 잘하고 더 헌신하겠다는 말은 분명 사실일 테니까요.

남들 앞에 당당히 나가서 우리 다시 잘 만난다고 보여 주고 싶어요. 이대로 헤어져서 끝내버리면 제 자존심이 너무 상하고, 남들의 비웃음도 계속될 것만 같아요.

이러다가도 또 마음이 변해 당장 연락 끊고 그만 봐야지 하다가도 또 즐거웠던 순간들이 떠올라 다시 돌아가고 싶어져요.

저는 어쩌면 좋을까요? 이 남자 다시 만나도 될까요? 다시 만나야지만 이 수렁에서 빠져나갈 수 있을 것만 같아요.

👓 새봄 씨에게 먼저 물어보고 싶군요. 그가 그리운 건가요, 그가 베풀어 주던 크고 작은 혜택이 그리운 건가요? 새봄 씨의 사연을 보면 비슷한 표현들이 유난히 많이 눈에 걸립니다.

"그는 사귀는 1년 가까이 거의 빠짐없이 퇴근 시간에 맞춰 저를 집에 바래다주었고, 온갖 선물과 이벤트로 저를 행복하게 해주었어요."
"사실 그동안 행복한 연애 생활을 SNS에 실컷 올리고 자랑하며 모든 이들의 부러움을 한몸에 받으며 연애를 즐겨왔는데…."
"앞으로 더 잘하고 더 헌신하겠다는 말은 분명 사실일 테니까요."
"남들 앞에 당당히 나가서 우리 다시 잘 만난다고 보여주고 싶어요. 이대로 헤어져서 끝내버리면 제 자존심이 너무 상하고, 남들의 비웃음도 계속될 것만 같아요."

새봄 씨는 남자친구가 베풀어 준 친절과 이벤트, 선물과 달콤한 데이트, 그리고 주변 사람들의 부러운 시선을 무척 즐겼습니다. 그것 자체가 문제는 아니죠. 그런 것들을 누가 싫어하겠어요? 문제는 남자친구의 부정이 알려진 지금도 그런 것들을 그리워하고 있다는 겁니다. 남자친구를 잃는다는 사실 자체보다는 그로 인해 그동안 누렸던 친절과 혜택, 주변의 부러움을 잃게 되는 것을 더 두려워하고 있어요. 여기까지만 읽고 보면 '그러면 안 됩니다' 식의 코멘트를 예상하시겠죠? 아니요. 틀렸습니다. 앞에서도 몇 번 말씀드렸지만 저에게 있어서 첫 번째 관심사는 저에게 카운슬링을 요청하신 분의 이득입니다. 보편적 정의나 훈계는 그 다음이에요. 새봄 씨에게 가장 유리한 결과를 가져다줄 행동지침 몇 가지를 알려 드릴게요.

1 그 남자의 간청을 받아들여 다시 만나 준다. 예전처럼, 또는 예전보다 더 잘 해 주는 남자의 친절과 애정 표시를 즐긴다.
2 그 남자가 또 다른 여자와 정분이 나는지를 면밀히 관찰한다. 단, 의부증 환자처럼 굴지 말고 요령껏 잘 관찰하도록.
3 남자가 정말 정신을 차리고 개과천선한 것 같으면 해피 에버 애프터. 그러나 남자가 또 의심스러운 기색을 보이면 둘 중 한 가지 결정을 내려야 함.
3-1 바람둥이지만 친절하고 남들에게 자랑할 만한 남자친구를 계속 만난다.
3-2 정리한다.

이 과정에서 아주 여우 같은 짓을 할 수도 있습니다. 남자친구를 유지하면서 또 다른 남자를 만나 보는 거죠. 그래서 괜찮다 싶으면 갈아타십시오. 구남자친구에게는 멋지게 복수해 주고요. 물론 나쁜 짓입니다. 복수는 악행을 정당화시켜 주는 핑계가 되지 못할뿐더러, 이 경우에는 억울한 피해자까지 생길 수도 있잖아요. 그러나 앞에서 말한 것처럼 저는 오직 새봄 씨에게 이득이 되는 쪽으로만 얘기하다 보니까 이런 편법도 있다는 사실을 알려드리는 겁니다.
물론 새봄 씨에게 이런 이야기도 덧붙여 주고 싶네요. 누군가와 연애를 할 때 그 사람으로 인해 얻는 혜택에 젖어들게 되면 끌려다니기 십상입니다. 상대가 새봄 씨의 이런 점을 이용해 더욱 갑질에 맛을 들일 수도 있고요. 특히 여자분들 중에서 이런 덫에 걸리는 경우가 무척 많은데 불행으로 가는 지름길입니다. 그렇게 되면 설령 그 남자와 헤어진 뒤에도 그 남자가 주었던 혜택을 고스란히 메꿔 줄 수 있는 상대를 찾기 마련인데 그러다 보면 연애 상대를 고르기가 어려워질뿐더러 잘못된 기준으로 엉뚱한 남자를 선택해 또 호되게 고생할 확률이 높습니다.

연애 상대가 주는 혜택에 중독되지 마세요. 감사는 하되 의존하지 말란 얘깁니다. 이별할 생각을 하면서도 그 남자의 존재 자체보다는 그 남자로 인해 얻었던 혜택이 사라질까 봐 두려워하는 걸 보면 새봄 씨는 이미 의존적인 상태에 접어든 것으로 보입니다. 새봄 씨가 지금 남자친구와 계속 만날지, 정리하고 새로운 사람을 만날지는 모르겠으나, 부디 다음에 연애할 때는 사람 자체에 집중해 보시기를 권해 드립니다.

마지막으로, 새봄 씨 남자친구가 또 바람을 피울 확률이 궁금하다면 첫 번째 사연을 다시 읽어 보시기 바랍니다. 남자들의 바람기 지수를 알아보는 표(이권양 씨가 제작한)가 있으니 남자친구의 바람기 지수를 알아보세요.

새봄 씨의 상담 사연을 읽고 공감하신 분들이 꽤 많으리라 생각됩니다. 사실 연애를 하면 자연스럽게 크건 작건 상대에게 의존하게 되죠. 제가 감사는 하되 의존하지 말라고 했던 말은 물질적이고 외적인 것들에 대해 한 말이었습니다. 함께 체온을 나누고 외로움을 달래고 기쁨을

배가하는 일에서는 의존적이어도 좋습니다. 그러라고 연애하는 건데요.

'바람직'이라는 표현이 잘 어울리는지는 모르겠으나, 이별에 관한 바람직한 태도가 어떤 것인지 제가 썼던 소설 중에서 일부를 인용해 보겠습니다. 오래 사귀었던, 아나운서 시험에 막 합격한 여자친구와 헤어진 남자가 속마음을 토로하는 장면입니다.

> 이제 다시는 그녀와 함께할 수 없겠지. TV를 켜면 언제라도 그녀의 얼굴을 보고, 그녀의 밝은 얼굴과 목소리를 들을 수 있겠지만… 차가운 눈빛도, 게임의 법칙을 설명하는 목소리도, 섹스한 뒤에 담배 피우는 것을 싫어하는 취향도, 오른쪽 젖가슴 주위에 있는 작은 점들도 다신 내 곁으로 돌아오지 않을 것이다.
> 난 내가 그런 것들을 싫어하는 줄만 알았는데, 정작 타오르는 그리움의 대상은 밝은 미소와 세련된 화장이 아니라 공기처럼 익숙해져 버린 그런 작은 단점들이었다.

무릇 연애를 끝낼 때 그리워져야 하는 것들은 그 사람이 가진 '사람으로서의 속성'이어야 합니다. 그래야 다음 연애 상대를 제대로 고를 수 있어요.

✱ 왠지 모를 두려움에 지레 겁먹은 적 있나요? 이 남자가 다른 여자를 만날 것만 같고, 나는 버려질 것만 같고, 유쾌하지 않았던 과거가 되풀이될 것 같은 두려움.
사실 그 두려움을 만드는 사람은 상대가 아닌 나 자신일 때가 많습니다.

 바람아 멈추어다오~

윤혜진

안녕하세요. 저는 25세 직장인이고요. 직장 생활 1년 만에 이직을 앞두고 있어요. 이제 곧 회사에 퇴사하겠다고 얘기할 기회만 엿보고 있었는데 그만 문제가 생겼어요. 이직하는 곳은 지금보다 더 좋은 곳이어서 별 문제가 없는데, 남자친구 때문에 고민이에요.

제가 회사에 입사했을 때 저에게 인수인계를 해주고 그만둔 선배가 제 남자 친구(같은 팀 대리님)와 사귄 적이 있다는 사실을 알게 되었어요. 그들은 몰래 사내연애를 했고 선배가 퇴사하고 몇 개월 뒤 헤어지게 되었죠. 제가 그 둘 사이에 일부러 끼어든 적은 절대 없었어요. 매일 회사에서 얼굴 보고, 함께 일하고, 밥 먹고, 회식하면서 우린 점점 서로에게 빠져든 거였어요. 결론적으로 말하자면, 그 선배가 퇴사한 뒤 우린 가까워지기 시작했고, 그는 선배를 정리하고 저와 사귀게 되었던 겁니다.

여기까지는 문제가 없다고 쳐요. 그런데 며칠 전 여직원들끼리 수다를 떨다가 정말 충격적인 이야기를 듣게 되었어요. 지금 제 남자친구에 대한 이야기가 또 나왔거든요. 제 남자친구가 몇 년 전, 회사 여직원과 사귀었었고 친한 동료직원들 대부분은 그 사실을 알고 있었다는 거예요. 그 여직원이 그만두면서 그들은 곧 헤어졌고, 금새 다른 여자친구가 생겼다는 얘기였습니다. 그러면서 제 남자친구가 은근히 바람둥이라는 둥, 그 여친들은 모두 속 많이 썩을 거라는 둥, 안 좋은 말들을 늘어놓았어요. 다행히 그들은 아직 우리 사이를 모르는 눈치였어요. 또 그들이 말하는 그 여직원은 제가 아는 그 선배가 아닌, 아마도 전전여자친구인 것 같았어요.

그들의 이야기를 종합해서 혼자 머릿속으로 퍼즐을 맞춰보니, 이렇더군요. 제 남자친구는 전전여자친구와 사내연애를 했고, 그녀가 그만두자 새로 입사한 전여친과 또다시 사내연애를 시작했으며, 전여친이 그만두자 바로 헤어지고 새로 입사한 저와 연애를 시작한 거였습니다.

물론 그가 의도적으로 계속 이런 방식으로 연애를 해왔다는 증거는 없어요. 자꾸 의심이 들어서 괴롭지만, 그래도 저는 남자친구를 믿고 싶어요. 아직 아무 일도 일어나지 않았는데도 정말 답답하고 무서워요. 제가 회사를 그만두자마자 저를 버리고 다른 여자를 만날 것 같다는 생각이 머릿속에서 떠나질 않아요. 이직을 포기하고 그냥 여기에 남아야하나 싶기도 하고요. 아무리 생각해 봐도 답이 보이질 않아요.

제발 좋은 방법 좀 알려 주세요. 전 어떡하면 좋을까요?

🕶 혜진 씨의 남자친구는 바람둥이가 아니라 신입킬러네요. 몇 년 사이 새로 입사한 여직원 세 명을 계속 이어서 사귀었다니, 신입킬러라는 표현이 전혀 과장이 아닙니다.

우리는 항상 크고 작은 예측을 하면서 살아갑니다. 시험을 망치면 부모님의 반응이 예상되지요? 잔소리 심한 회사 상사에게 실수를 들키면 잔소리할 게 뻔하죠? 밥값을 도통 안 내는 친구하고 밥을 먹으면 내가 계산할 가능성이 크잖아요. 우리가 어떤 일을 예측하는 건 그동안 반복된 경험의 결과입니다. 일종의 패턴이라고 할 수 있겠네요. 혜진 씨가 걱정하는 경우도 마찬가집니다. 지금 남자친구의 연애하는 패턴이 새로 입사하는 여직원과 매번 연애를 했기에 혜진 씨가 퇴사하면 이별하게 되지 않을까 싶은 거죠. 패턴은 확률로 이어집니다. 분명히 그럴 확률이 높습니다. 그러나 확률이 100%는 아닙니다. 게다가 노력으로 얼마든지 확률을 낮출 수도 있는 일이죠.

시험을 망친 경우를 예로 들어 봅시다. 부모님이 항상 화를 냈으니 이번에도 그럴 가능성이 농후합니다. 그러나 성적표를 보여 드리기 전에 미리 진심을 담은 각오의 편지를 써서 다음 시험에 기필코 성적을 올리겠다는 의지를 보여 드리면 화를 내지 않을 수도 있습니다. 패턴이란 분명히 존재하지만 변화시킬 수 있는 패턴도 있다는 겁니다. 그럴 수 없는 경우도 있지만요. 혜진 씨의 경우에는 분명히 바꿀 수 있는 종류의 패턴입니다.

먼저 지금 남자친구에게 솔직히 털어놓으세요. 의도치 않게 과거의 일들을 알아버렸다고. 그래서 몹시 불안하다고. 커리어 상으로는 다른 회사로 옮기는 게 맞는데 당신과 이별할까 봐 겁이 난다고. 그리고 헤어지고 싶지 않다는 혜진 씨의 마음을 분명히 전하세요. 그러면 분명히 남자친구가 반응을 보일 겁니다. 꼭 연애뿐만 아니라 세상 모든 일은 노력하지 않고 가만히 있으면 항상 그랬던 대로 흘러갑니다. 그 흐름이 싫다면 흐름을 바꾸기 위해 노력하는 수밖에 없습니다. 그래도 소용없을 때도 있지만, 안 해보는 것보단 낫죠.

그 남자분을 욕하는 분들이 있을지도 모르겠으나, 사실 욕 먹을 일을 한 건 아닙니다. 동시에 두 명의 여자를 만났다면 비난의 대상이 되겠지만 혜진 씨의 사연을 봐서는 그렇진 않잖아요. 어쩌면 그 남자분은 따로 시간을 내어 여자를 만나는 일을 싫어하는지도 모릅니다. 그러면 매일 보는 회사동료와 연애하는 쪽이 편하죠. 사람마다 이성을 찾는 방식은 다양하니까요. 부디 좋은 결과가 있기를!

내가 바람을 피우든 상대가 바람을 피우든, 우리가 살면서 한두 번은 겪기 마련인 일이죠. 참 고통스럽죠. 혹자는 심장에서 피가 나는 기분이라고 하기도 하고, 혹자는 눈에서 불이 난다고 말하기도 합니다. 바람을 피운 상대와 당장 헤어지는 사람도 있고 다시 만나는 사람도 있습니다. 한 번 바람을 피우고는 다신 안 그러는 사람도 있지만 반복적으로 되풀이하는 사람도 있고요.

중요한 것은 우리가 가해자이든 피해자이든 정신을 똑바로 차려야 한다는 겁니다. 내가 하는 행동, 내가 하는 선택이 어떤 의미를 지니고 있는지 알아야 합니다. 내 말과 행동이 상대에게 어떤 영향을 줄지도 생각해 봐야 합니다. 더 행복한 연애 생활을 위해 어떤 태도를 보여야 할지 고민해야 합니다. 특히 피해자의 입장이 되었을 때 더욱 정신을 차려야 합니다. 자칫하면 상처가 제대로 아물지 않아 마음의 병으로 덧나기도 하고 아주 오랫동안 괴롭히기도 하니까요.

연인에게 배신당한 이들에게 가장 필요한 것은 자존감입니다. 상대가 바람을 피운 이유가 내가 하찮아서라고 생각하면 안 됩니다. 나 같은 애는 당하기 마련이라는 생각도 절대 하지 마세요.

용비어천가의 유명한 구절이 있죠?

뿌리 깊은 나무는 바람에 흔들리지 않는다.

자신을 믿고 또 믿으세요. 비난받을 사람은 바람피운 상대이지 당신이 아닙니다. 물론! 이 일을 통해 여성으로서의 매력을 배가시킨다면 오히려 위기를 기회로 만들 수도 있겠죠. 바람피운 남자친구에게 충격받은 뚱뚱한 여자가 절치부심하여 글래머 미녀로 탄생하는 판타지는 충분히 현실 가능한 일입니다. 때론 복수심이 우리를 더 섹시하게 만들어 주는 강력한 동기가 되기도 하니까요.

부는 바람 앞에서 떨고 있는 분들의 사연은 여기까지입니다. 다음 챕터는 연애 남녀의 궁극적 고민 '결혼'입니다.

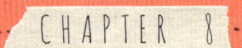

CHAPTER 8

우리는 누구나
결혼이 두렵다

둘만의 방식으로 행복찾기

결혼, 이 단어를 듣자마자 여러분은 어떤 연상 작용이 떠오르나요? 로맨틱한 허니문이 떠오르는 분도 있을 테고, 해맑게 웃는 예쁜 아기가 생각나는 분도 있겠죠. 어떤 분은 비싼 집값과 혼례비용에 갑갑한 생각이 들 수도 있겠네요. 혹여 양가 집안 어른들에게 인사하는 일부터 시작해 팍팍한 살림살이가 벌써 걱정되는 분도 계신가요?

잘라 말씀드리면 결혼은 연애의 끝도 아니고 완성도 아닙니다. 결혼은 생활의 한 방식이며 가정을 이루는 기초적인 제도입니다. 한집에서 살면서 연애한다고 생각하고 접근하면 곤란한 점이 많습니다. 물론 결혼에 있어서 가장 기본은 연애와 같습니다. 서로 사랑하는 남녀의 결합이라는 것. 그 엄정한 사실 하나를 빼고는 결혼과 연애는 고래와 인간만큼이나 다릅니다.

이렇게 말해 보면 어떨까요. 결혼, 그러니까 남편과 아내의 결합은 여러 개의 다른 의미를 지닌 공동체라고. 우리나라만 해도 수많은 부부가 살고 있고 그들이 사는 형태는 모두 다릅니다.

부정을 저지른, 즉 성적공동체라는 합의를 깬 배우자와 계속 같이 사는 경우도 부지기수입니다. 각자 수입은 각자 분리해서 관리하는 부부도 있더라고요. 아이를 안 낳고 사는 경우도 꽤 있죠. 시댁이나 처가와 담을 쌓고 지내는 부부도 있고, 주말 부부, 기러기 부부도 있고 드문 경우지만 법적으로만 부부인 상태로 아예 별거해서 지내는 커플도 제 주변에 있습니다.

사람들이 저에게 결혼에 대해 조언을 구할 때 제가 첫 번째로 하는 말도 이겁니다.

"남들처럼 살려고 하지 마. 너희 둘만의 방식을 찾아. 너희 둘의 행복이 최대치가 되는 방식. 그게 올바른 결혼 생활이야."

사전적인 의미의 결혼 생활을 하려고 애쓸 필요는 없습니다. 가족 구성원의 행복이 가장 적절하게 배려되는 생활. 그것이 결혼 생활의 유일한 정답입니다.

그러니 남들이 말하는 결혼의 의미 따위는 개나 주라고 하세요. 자, 이제 구체적인 사연으로 들어가 볼까요?

✱ 결혼은 두 사람의 부모, 형제들까지 어쩔 수 없이 엮이게 되는 공동의 문제가 되곤 합니다. 그러다 보니 둘은 좋은데 가족의 반대가 걸림돌이 되는 경우도 있지요. 가장 전형적인 사연을 하나 만나 봅시다.

✉ 가족이 심하게 반대하는 남자와 결혼해도 될까요?

김지우

가족에게는 존재를 숨겨 왔던 3년 정도 사귄 남자친구가 있습니다. 이제는 결혼하고 싶어서 드디어 가족에게 공개하였답니다.

솔직히 가족에게 여태 남자친구의 존재를 숨긴 이유는 첫 번째, 저희 집은 독실한 기독교 집안이고 언니들 모두 기독교 집안의 사람과 결혼했어요. 하지만 남자친구와 그 집안은 교회에 다니지 않습니다. 두 번째는 직업이나 직장이 가족들 마음에 들 정도로 뛰어나지 않고요. 세 번째는 남자친구와 결혼까지는 생각지 않았고 또 집안의 반대를 충분히 예상했기 때문이죠. 하지만 이제는 저도 남자친구와 얼른 결혼하고 싶은 마음이 큽니다.

그런데 부모님과 가족의 반대가 예상보다 더 심각해요. 어머니는 절대 안 된다고 몸져누우셨고, 아버지는 제 일거수일투족을 감시하며 남자친구와 만나지 못하도록 신경을 곤두세우고 계십니다. 남자친구는 무턱대고 찾아뵙고 허락을 받아 보겠다고 하는데, 제 생각에 그 방법은 좋지 않은 것 같아 막았어요.

솔직히 가족들이 왜 남자친구를 맘에 안 들어 하는지 너무 잘 알고, 저를 위하는 마음에 이러신다는 걸 충분히 이해하기 때문에 더 설득시키기가 어려워요. 뭐라고 이해시켜야 할지 막막할 뿐이죠.

부모님이 힘들어하시는 모습에 저도 너무 괴롭고, 가족이 반대하는 결혼은 하고 싶지 않아서 남자친구에게 헤어지자고도 했었어요. 연락도 끊고 안 만나려고도 해봤지만 남자친구도 만만치 않아요. 절대 안 헤어지겠다며 저를 붙잡고 있어요.

중간에 끼인 저는 정말 이러지도 저러지도 못하고 어째야 할지 막막합니다. 헤어지려고 독하게 마음먹었다가도, 굳건한 남자친구를 보면 다시 마음이 약해집니다. 지금도 부모님 몰래 여전히 남자친구를 만나고 있기는 하지만 이 상황에 대해서는 아무런 대책이 없습니다. 이런 제게 조언 좀 부탁드려요.

 지우 씨의 사연은 그야말로 연애상담의 단골 메뉴죠. 종교 문제로 갈등을 빚는 경우를 나눠 보겠습니다. 심한 순서대로요.

1 남녀 당사자와 양쪽 집안 모두 독실하게 다른 종교를 믿는 경우(예를 들어, 우리 집은 독실한 불교, 상대 집안은 모두 목사 집안)
2 양쪽 당사자와 한쪽 집안이 서로 다른 종교를 독실하게 믿고 한쪽 집안만 종교에 자유로운 경우(예를 들어, 나는 독실한 불교, 우리 부모님은 종교에 상관없고 상대와 상대 집안 모두 목사 집안)

여기까지는 사실 답이 없습니다. 결혼 생각 안 하시는 편이 속 편하죠.

3 한쪽 당사자가 종교에 자유롭고 다른 당사자와 양쪽 집안이 서로 독실하게 다른 종교를 믿는 경우
4 한쪽 당사자와 한쪽 집안만 종교에 자유로운 경우

여기까지도 고생길 예약입니다. 그러나 못할 것도 없습니다.

5 양쪽 당사자는 종교에 자유롭고 양쪽 집안이 서로 다른 종교를 독실하게 믿는 경우
6 양쪽 당사자와 한쪽 집안이 종교에 자유로운 경우

여기까지도 좀 피곤하지만 꽤 많은 케이스입니다. 다들 이 정도 문제는 있다고 할 정도?

7 한쪽 당사자와 양쪽 집안 모두 종교에 자유로운 경우

사실 7번 정도는 결혼 생활에 전혀 문제가 안 되죠.

지우 씨의 경우는 어디에 해당하나요? 제가 보기엔 4번과 5번 사이네요. 글을 읽어보면 지수 씨 본인은 기독교를 믿긴 하지만 본인의 종교적 신념 때문에 남자와 헤어질 정도는 아닌 것 같으니까요. 만약 지수 씨가 종교 문제에 완전히 너그러워진다면 상황은 6번까지도 내려갈 수 있습니다.

이렇게 보니 감이 좀 오십니까? 지수 씨는 엄청난 큰 문제라고 생각했지만 종교 때문에 생기는 갈등의 양상으로 보면 최악의 상황은 절대로 아니란 얘깁니다. 오히려 문제는 지수 씨의 부모님께서 남자친구의 직업을 탐탁지 않게 여긴다는 데 있습니다. 남자 입장에서 종교문제는 그냥 접고 들어갈 수 있어요. 예를 들면, 결혼 전후로 교회에 다니는 척이라도 할 수 있지요. 하지만 여자 쪽 집안에서 자기 직업이 별로라고 무시하는 일은 웬만한 멘탈로는 견뎌내기 힘듭니다.

옛말에 이런 말이 있습니다.

"미운 놈은 고운 데가 없고, 고운 놈은 미운 데가 없다."

사람이 미우면 별걸로 다 트집을 잡기 마련이에요. 종교 때문에 시작된 비호감이 직업에서부터 다른 것들로 전이되는 거죠. 이 부분이 남자친구와 지수 씨의 가족들 사이에 가장 위험한 요소로 보입니다.

제가 제안하는 해결책은 이렇습니다. 먼저 지수 씨가 스스로 마음을 확인해야 합니다. 나는 정말 이 남자를 사랑하는가? 진심으로 결혼하고 싶은 건가? 결혼해서 이런저런 문제가 터져 나와도 참고 극복할 수 있을 것인가? 이런 질문들을 던져 봐야 합니다. 수많은 질문에 대한 대답이 부정적이라면 남자친구와의 결혼은 미루시는 게 좋겠지만 긍정적인 대답들이 나온다면 그다음에는 이렇게 하세요.

남자친구에게 현재 상황을 솔직히 털어놓고 상의하세요. 그리고 집안과 타협점을 찾으세요. 아마 이쯤이 될 겁니다. 남자친구는 지금부터라도 매주 한 번씩은 교회에 나가서 신앙심을 갖도록 노력해 보고 부모님께는 남자친구의 직장을 갖고는 왈가왈부하지 말아 달라고 부탁해야 합니다. 만약 남자친구가 더 의욕적으로 지수 씨의 부모님께 앞으로의 비전과 가장으로서의 각오를 확인시켜 드릴 용기가 있다면 금상첨화겠지요.

> 종교란 마치 취미나 정치적 신념처럼 어디까지나 개인의 문제이지 상대에게 강요할 수는 없다고 생각합니다. 권유까지는 할 수 있겠지요. 그러나 아직도 많은 연인이 종교라는 벽에 가로막혀 결혼이라는 문에 들어가지 못하고 있음을 보면 안타깝기도 합니다.

우리는 누구나 결혼이 두렵다

❋ <올가미>라는 영화 본 적 있나요? 아들에게 집착하는 시어머니가 공포영화의 소재로 쓰이기도 한답니다. 그 정도로 무서워질 수 있는 존재가 그 남자의 어머니예요. 때론 결혼 전부터 두려운 적이 되기도 하죠.

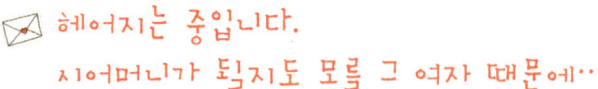
헤어지는 중입니다.
시어머니가 될지도 모를 그 여자 때문에…

김영희

제가 이런 문제로 고민할 줄은 꿈에도 몰랐는데, 말로만 듣던 그 문제 때문에 요즘 너무 괴로워요. 남자친구와는 정말 아무 문제가 없었는데, 남자친구 어머니 때문에 헤어질 결심을 하게 됐어요. 솔직히 연애만 한다면 상관없겠지만, 결혼할 생각하니 시어머니로 모실 자신이 없어요.

남자친구하고는 만난 지 5년이 다 됐고 이제는 서로 나이도 차고 결혼을 해야겠다 싶어 양가에 인사를 드리기로 했어요. 그런데 남자친구 어머니께서 먼저 저를 한번 보고 싶어 하시더라고요. 문제는 그때부터였어요. 저를 만나 본 남자친구 어머니는 뭐가 맘에 안 드셨는지 사사건건 저에 대한 문제를 지적하셨어요. 남자친구에게 공무원을 만나보라는 둥, 저 아이는 배우자감이 아니라는 둥, 기가 막힌 이야기를 늘어놓으셨지요.

그런데도 남자친구가 저와 헤어질 생각을 안 하니까 이제는 저에게 따로 연락하며 제 성질을 건드리십니다. 호텔에서 결혼할 수 있느냐느니, 혼수는 어떻고, 제 연봉이 어떻고 등등 괴롭히는 종류도 다양합니다. 나름 어머니께 잘 보이려고 선물도 사다 드리고, 있는 애교 없는 애교 다 부리며 이래저래 노력을 해봤지만 문제는 그게 아닌 것 같았어요.

처음에는 남자친구와 저만 서로 사랑한다면, 어머니는 넘을 수 있는 벽이라고 생각했었어요. 하지만 지금은 5년을 만난 제가 30년을 키워온 여자를 이길 수는 없다는 걸 깨달았어요. 그녀까지 포용하고 감싸 안을 각오가 되어 있지 않는다면 평생 괴로운 나날을 보내리란 것도요.

근데 막상 헤어지려고 하니 자꾸 억울한 마음이 들어요. 여태 잘 만나왔는데, 여태 행복했는데, 왜 그 여자 때문에 우리가 이렇게 싸우고, 힘들어하고, 결국 헤어지기까지 해야 하는지요. 왜 그래야만 하는지. 남자친구도 어머니 때문에 괴로워하고, 어째야 할지 힘들어하고, 제가 결론을 내야지만 끝날 문제 같아요. 서로의 행복을 위해서 헤어지는 게 맞는 거겠죠?

오늘은 거창한 담론을 꺼낼 수밖에 없겠네요.

"우리의 행동을 결정짓는 가치는 시대에 따라 변한다."

듣기엔 당연하고 평범한 명제지만, 꼭 기억하세요. 불과 몇십 년 전만 해도 여자가 담배를 피우다가 뺨을 맞는 경우가 비일비재했습니다. 수입차를 타면 매국노로 욕을 먹고 어느 날 아침에 타이어에 펑크가 나 있고, 일 년에 열댓 번씩 제사를 지내는 집이 허다했습니다. 집안의 가장이 먼저 수저를 들 때까지 다른 식구들은 수저에 손도 못 대는 것이 당연한 일이었고, 길을 가다가 애국가 소리가 들리면 무조건 멈춰 서서 국기에 경례를 올려야 했습니다. 지금 생각해 보면 어이가 없지만 불과 몇십 년 전만 해도 모두 당연하게 여겼고 어기면 큰일이 나는 줄 알았죠. 지금은 어떤가요? 상상도 안 가는 일들이죠?

효에 대한 개념도 그렇습니다. 예전에는 부모의 봉양은 오롯이 자식의 몫이었습니다. 치매 걸린 부모를 요양병원에 모시면 패륜아라고 욕하던 시절도 있었지요. 그러나 지금 전국에 있는 노인요양병원이 몇 개인지 세어 보세요. 너무 많아서 못 셉니다.

예전에는 자식의 짝을 부모가 골라 주곤 했습니다. 심지어 조선 시대에는 결혼식 날까지 배우자 얼굴도 못 보고 결혼하는 경우도 많았으니까요. 그러나 세월이 가면서 결혼에서 부모의 역할은 점점 줄어들었고 현대사회의 결혼에서 가장 이상적인 부모의 역할은 자식의 결정을 존중해 주고 자식이 고른 상대를 아끼고 사랑해 주는 일이 되었습니다. 그런데 부모도 사람인지라 자식이 고른 배우자가 눈에 안 차는 경우가 생깁니다. 이럴 때 부모는 자기 뜻을 꺾고 자식의 뜻을 따르는 경우도 있지만 그렇지 못한 경우 자식이 선택해야 할 상황이 됩니다. 바로 영희 씨 남자친구의 상황이죠.

지금 봐서는 남자친구의 어머니가 영희 씨를 극적으로 받아들이는 일은 오지 않을 것 같네요. 이런 경우 영희 씨는 남자친구에게 선택지를 줘야 합니다. 간단히 말하면 이런 식이죠. "나야, 엄마야?" 무척 싸가지 없어 보이고 불효막심한 태도 같나요? 그런데 어쩌겠어요. 이러지 않고선 풀리지 않을 문제인걸요. 이 정도 죄책감, 저항감을 극복하기 어렵다면 이 결혼은 성사되기 어렵습니다.

만약 남자친구가 영희 씨를 선택하겠다고 확실한 태도를 보여 준다면 믿고 가보세요. 영희 씨의 태도도 중요합니다. 결혼하기까지, 또 결혼한 후에도 남자친구 어머니의 핍박과 무시는 계속될 테니까요. 그때마다 맞서 싸우란 얘기가 아닙니다. 결혼을 결심하고 나면 꼭 시간을 내서 남자친구 어머니와 둘만 만나세요. 그리고 허심탄회하게 대화를 나눠 보세요. 속 뒤집히고 모욕당할 각오를 하고요. 딱 한 번이면 됩니다.

"어머님께 인정받는 며느리가 되고 싶어요. 정말 간절히요. 그러나 어머님이 저를 볼 때마다 못마땅하고 속상해하시면 저로서는 어머니의 정신적 안녕을 위해서라도 어머님 앞에 안 나타나고 어머님 귀에 안 들리는 게 제 나름의 효도일 수밖에 없습니다. 저는 정말 어머님과 가깝게 잘 지내고 싶어요."

이런 식의 논조로, 아주 공손하게요. 이렇게 말했는데도 어머니의 태도가 바뀌지 않으면 남자친구에게 그 상황을 상세히 이야기하고 남자친구 어머니와 마주치는 일을 최소한으로 줄이세요. 가능하면 시댁에 발길을 끊는 것도 방법입니다. 꼭 가야 할 일이 있으면 남편 혼자 가는 것으로 남편과 합의를 하는 거죠. 이 정도까지 당차게 할 자신이 없다면 결혼은 미루세요. 이 상태에서 결혼하면 매일 밤 남편이랑 시어머니랑 셋이 같은 침대에서 자는 기분? 샤워할 때마다 시어머니가 구경하고 있는 기분일 겁니다.

남자친구분도 마찬가지입니다. 남자친구에게도 이 글을 보여 주면서 물어보세요. 이 정도까지 할 수 있겠느냐고. 답이 부정적이라면 그만큼 영희 씨를 사랑하지는 않는다는 얘깁니다. 우리 삶이란 저글링과 같아서 서로 상충하는 여러 가지 가치를 함께 충족할 순 없잖아요. 남자친구도 영희 씨를 선택할지 어머니를 선택할지 결정해야죠.

제일 좋은 경우는 남자친구의 어머님께서 긍정적으로 마음을 바꿔서 영희 씨를 며느리로 인정하고 예뻐해 주는 거겠죠. 가능성은 별로 없어 보입니다만, 부디 그런 상황이 만들어지기를 빌어 드릴게요.

혹자는 이렇게 말하기도 합니다.

"부모님 말씀 안 듣고 잘되는 꼴을 못 봤다."

정말요? 저는 많이 봤는데. 당장 저부터도….

제 경험으로는 부모 말을 어기는 사람보다는 부모 말에 휘둘리는 사람들이 망하는 경우를 더 많이 봤습니다. 물론 성인이 된 다음의 이야기긴 하지만. 자못 어른이라면 자신의 인생에 대한 결정을 스스로 내릴 줄 알아야 합니다. 부모님의 말씀은 어디까지나 '조언'으로 받아들여야죠. 직장이나 배우자를 선택할 때 부모의 결정을 본인의 결정보다 더 중요하게 생각한다면 행복으로 가는 문을 잠가 버리고 열쇠를 호수에 던져 버리는 신세가 됩니다.

인간은 태생적으로 자신의 의지대로 사는 데서 진정한 행복을 느끼게 태어났으니까요. 그중에서도 배우자를 고르는 일은 더더욱 그렇답니다.

✱ 결혼을 앞둔 여자들은 종종 남자에게 끌려다니기도 합니다. 이상하게 결혼 앞에서는 여자들이 무너져 버리는 경우가 많아요. 그러지 맙시다. 결혼은 목표가 아니라 시작이니까요. 결혼한다고 다 해결되는 게 아니라, 결혼하면서 해결할 것들이 생기는 겁니다.

다시 붙잡고 싶은데
용기가 안 나요

한유리

저는 서울에 사는 31세 재취업준비생입니다. 의도한 건 아니지만, 다니던 직장을 그만둔 지 2년이 다 되어가도록 아직 재취업을 못 한 상황이에요.

여러 번 면접에서 떨어지고 나니 이제는 자신감도 없어지고 의욕도 많이 떨어진 상태랍니다. 남자친구는 저보다 2살 어린 29세 연하남이에요. 이제 직장 생활 2년 차고요. 지금은 저와 떨어져 창원에서 회사에 다니며 지내고 있답니다.

장거리 연애 2년 차에 접어들지만 종종 다투기는 했어도 그리 큰 문제는 없었어요. 그런데 갑자기 남자친구가 헤어지자고 합니다. 얼마 전 회사 선배에게 조언을 들었는데, 그 조언 때문에 저와 헤어지기로 마음먹었다고 했어요.

남자친구는 창원 지사에 근무하지만 서울로 발령 나기만을 기다렸고,

몇 년 고생하면 분명 서울로 올 수 있다고 생각했었어요. 그런데 선배의 말에 의하면 그게 불가능하다고 합니다. 창원에서 시작하면 절대 서울로 못 간다는 거죠. 선배는 대기업 타이틀을 유지하고 있을 때 빨리 괜찮은 여자를 만나서 결혼하라고 조언한 것 같아요. 남자친구는 저에게 그동안 모아둔 돈도 다 쓰고 지금 당장 결혼할 수 없는 형편이 아니냐며, 자기는 지금 결혼을 해야 하니 헤어지자는 겁니다.

남자친구가 취업준비생일 때 만나서, 직장 다니던 제가 몇 년간 열심히 케어했던 경험이 있기 때문에 남자친구가 저의 어려움을 충분히 이해하고 있다고 믿었었어요. 뒤통수를 맞은 기분이에요.

하지만 배신감이 들기도 전에 저는 앞으로 어떻게 살아야 하나 막막한 마음에 남자친구를 붙잡고 싶다는 생각만 간절해져요. 저는 남자친구와 결혼해서 창원에 내려가 살 생각까지 하고 있었어요. 이대로 헤어지기에는 너무 허무하고 뭐라도 해봐야 할 것 같아요. 남자친구를 어떻게든 설득해서 결혼해야겠다는 생각도 들고요.

제가 너무 의존적인가요? 너무 무식한 생각인가요? 어차피 저도 결혼을 생각하고 있었고 새로운 누군가를 만날 자신도 없고요. 좋은 방법이 없을까요?

 결론부터 말하자면, 결혼하기 힘들겠네요.

앞에 종교 문제, 시어머니 문제를 카운슬링해 드릴 때도 이 정도까지 비관적이진 않았어요. 어렵긴 했지만, 방법을 제시해 드렸죠. 그러나 유리 씨 같은 경우엔 지금 쓸 방법이 거의 없습니다. 굳이 찾아보자면 남자친구에게 읍소하는 방법? 울며 매달리는 방법? 그것도 남자친구가 들어줄지 말지 모를뿐더러, 그런 식으로 억지로 매달리듯 결혼한 다음에 행복한 결혼 생활이 이어질 가능성도 희박하지요. 게다가 이 정도 상황에서 유리 씨를 대차게 차버리는 남자친구에게 인생을 건다? 너무 위험해 보이지 않나요? 지금 유리 씨 남자친구의 얘기는 이거잖아요.

"선배의 조언을 듣고 났더니 정신이 들었어. 지금 내 상황에서 너보다 더 괜찮은 조건의 여자하고 빨리 결혼해야겠으니 돈도 없고 직장도 없는 너는 그만 꺼져 줄래?"

지방에서 딴 여자와 바람난 것보다 열 배는 더 나쁜 상황 같은데요? 남자친구 마인드 자체가 아주 저열합니다. 이래저래 가능성 없는 남자에게 계속 매달려서 진 빼지 마시고, 유리 씨는 일단 지금 찾을 수 있는 일 중에서 제일 좋은 직장을 찾아서 경제적으로 독립하시는 게 우선일 듯싶습니다. 이번 일로 자신감이 많이 상처받았으니 바로 다른 남자를 만나려고 해도 좋은 결과가 나올 것 같지 않아요. 토닥토닥, 위로해 드리고 싶네요. 힘내세요!

> 유리 씨 남자친구는 아주 극단적인 경우지만, 요즘은 결혼을 앞둔 남자들도 여자의 경제력을 굉장히 중요시합니다. 10년 전만 해도 여자는 집에서 살림만 해도 상관없다는 식의 남자들이 많았는데 요즘은 추세가 여자도 맞벌이를 해야 한다는 남자들이 대부분이죠. 남자 혼자 벌어서는 길고 긴 100세 시대의 먹고 살 거리를 마련하기가 빠듯하기에 그렇겠지요.
> 단순한 추론뿐만이 아니라 통계조사를 봐도 이런 경향은 증명되고 있습니다. 예전부터 여자들이 꼽는 배우자의 우선 조건에는 경제력이 항상 들어갔지만, 요즘엔 남자들도 배우자의 조건으로 경제력을 꼽는 비율이 점점 늘어나고 있더군요. 포털사이트에서 쉽게 수많은 기사를 검색할 수 있으니 한번 확인해 보셔도 좋겠네요.
> 사실 사회의 모든 관념이 남녀평등을 향해 바뀌고 있습니다. 권리의 차원에서도, 의무의 차원에서도 모두 그렇죠. 제가 20대 때와 비교해 봐도 확연히 달라졌음을 느낍니다. 그러니 여성분들도 경제력을 갖추는 편이 연애에서도 훨씬 더 유리합니다. 어차피 연애란 상대의 선택을 받지 않고는 시작조차 할 수 없으니까요.
> 연애도, 결혼도 돈과 능력에 의해 좌우되니 싶은 생각을 하면 씁쓸해지기도 하죠? 그러나 반대로 생각해 보세요. 연애와 결혼이 돈과 능력이 아닌 운으로만 결정된다면, 혹은 순전히 외모로만 결정된다면, 더 억울하고 무기력한 느낌이 들지 않을까요?
> 자, 이제 마지막 챕터가 남았네요. 고고씽!

CHAPTER 9

이별에는
왕도가
없다

이별을 대하는 현명한 태도

연애 카운슬링을 하다 보니 생각보다 많은 분이 이미 끝난 관계에 대해 고민한다는 사실을 알았습니다. 하긴 이별이라는 게 쉽지 않은 일이죠. 사람과 사람의 관계가 칼로 자르듯 뚝 끊어지기 어렵습니다. 차라리 이혼은 이혼서류가 마치 쐐기처럼 둘 사이에 떡 박혀 있지만 연애하다가 헤어진 사이는 그렇지도 않죠. 아무런 서류나 증명 없이 서로의 합의에만 의존해 이뤄지는 게 연인들의 이별입니다. 바꿔 말하면 마음만 다시 돌아오면 연인 관계로 쉽게 회복할 수 있다는 얘깁니다. 그러다 보니 하고 나면 뒤도 안 돌아보는 이혼과 달리 연인들은 헤어진 뒤에도 오랫동안 관계를 지속하는 경우가 많습니다. 아주 애매한 관계로요.

가요 중에서 가장 많은 노래가 사랑 노래입니다. 우정이나 사회 문제 등 그 밖의 주제를 노래한 가사보다 열 배 스무 배는 더 많죠. 사랑 노래 중에서도 이별 노래가 참 많아요. 반은 되는 것 같네요. 이별 노래들을 보면 이런 가사가 참 많습니다. 떠난 연인을 완전히 잊을 것처럼 노래하다가 후렴에서는 제발 돌아와 달라고 애원하죠. 왜 이럴까요? 사연을 보면서, 이별 앞에 한없이 약해지는 우리의 마음을 돌아봅시다.

　이 챕터는 이러한 이별 후의 상황에 대한 카운슬링을 담았습니다. 어떤 일이든 시작만큼 끝맺음이 중요합니다. 연애 역시 그렇죠. 미래를 위해서 특히 더 중요합니다. 지금의 연애를 잘 끝맺어야 미래의 연애를 위한 토양이 제대로 마련되거든요.

✱ 연애에 있어서 가장 괴로운 의문 중 하나.
"그 사람이 돌아올까요?"
미련이 나를 붙잡아 벗어나기 힘들다면 함께 고민해 보시죠.

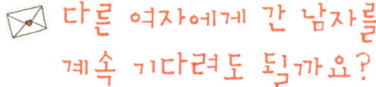
다른 여자에게 간 남자를
계속 기다려도 될까요?

임아영

헤어진 애인을 다시 만나고 싶습니다.

그 사람과는 석 달이란 시간 동안 총 열 번을 만났습니다. 그중 두 달은 얼굴을 볼 수 없었고요. 헤어진 지는 4개월이 넘었습니다. 네. 고작해야 한 달이란 짧은 시간 동안 데이트를 즐긴 거지요.

근데 그 사람을 만나는 동안 28년 제 인생에서 끝사랑은 바로 이 사람이다! 라는 생각이 들었어요. 착각인지는 모르겠지만 그 남자도 저와 같은 마음이었다고 생각합니다. 수년을 사귄 사람과 이별했을 때에도 그럭저럭 지냈었는데, 몇 번 만나지도 못한 사람과의 헤어짐이 이렇게 아프다니 저도 저 자신이 이해가 되지 않습니다. 시간이 지났는데도 불구하고 하루에 몇 번씩 눈물이 터져 나와요.

최근에 그 사람으로부터 저를 너무 좋아했다는 말을 들었습니다. 그때는 너무 좋아해서 헤어지는 것만이 최선의 선택이라 생각했는데, 지금은 후회된다는 말도 함께요. 그런데 지금 그 사람 곁엔 새로운 누군가가 있습니다. 당장은 마음이 무너져 내리지만, 저는 그가 언젠간 내게 다시 돌아올 거라는 희망을 품고 있어요.

"어차피 내게 올 사람이니, 하루하루를 밝고 행복하게 지내야지. 그가 돌아왔을 때, 그를 잘 보듬어 줄 수 있는 현명한 사람이 되어야지"라고 되새기며, 이 악물고 지내는 중입니다.

스무 살 첫사랑도 아닌데, 감정의 과잉 상태란 걸 저도 알아요. 그 사람을 오래 기다리다 보니, 제가 만들어 낸 환상일 수도 있단 것도 알고요.

근데 문제는 대체 제가 왜 이러는지 모르겠다는 겁니다. 계속 그 사람을 기다리는 마음으로 사는 저, 괜찮은 거겠죠?

네. 기다리세요. 어차피 결론은 둘 중 하나입니다.

돌아오거나, 안 돌아오거나.

돌아오는 경우야 그냥 즐겁게 연애하시면 되는 건데 안 돌아오는 경우가 문제입니다. 많이 아프고 처지실 겁니다. 겉으로는 애써 밝은 척하려고 해도 속은 썩어가겠죠. 그러나 아영 씨 글로 봤을 때 이미 아영 씨의 마음은 돌이키기 힘들 정도로 커져 버렸습니다. 종기로 치자면 터트려야 할 크기란 거죠. 그러니 터트리세요. 마음껏 그리워하고, 마음껏 자신을 희망고문하고 마음껏 슬퍼하세요. 미련이 남지 않을 만큼 실컷.

제가 왜 이 사연을 처음으로 골랐을까요? 이별이 이만큼 힘들다는 걸 보여 주기 위해섭니다. 연애를 하다 보면 머리가 내리는 명령을 듣지 않는 경우가 종종 생기는데 이별을 전후한 시기에 그런 일이 제일 많이 일어납니다.

남들이 보기엔 참 바보 같죠. 심지어 이미 다른 여자와 연애를 하고 있는 남자를 기약 없이 기다린다니 말이죠. 아영 씨한테 돌아갈 마음이 있었다면 벌써 돌아가지 않았겠어요?

어지간했으면 정신 차리라는 요지의 카운슬링을 했겠지만 이 분의 경우엔 이미 그러기에 늦어 보였습니다. 이럴 때는 차라리 실컷 그리워하고 아파하는 과정을 거치는 편이 낫습니다.

✱ '할 수 있을 때 해라!' 이런 말 들어 보셨죠? 너무 당연한 이야기지만, 연인에게 해줄 수 있을 때, 그때 잘 해주고, 표현할 수 있을 때 맘껏 다 표현하라는 말로 바꿔 쓸 수도 있겠네요. 그 순간을 모두 놓치고 난 뒤에야 뒤늦게 그 순간을 아쉬워하는 경우를 너무 많이 봐서 드리는 말씀입니다.

✉ 다시 만날 수 있다면 영혼이라도 팔고 싶어요

오민아

작가님. 안녕하세요! 쉬는 날 집에서 웹소설을 보다가 우연히 〈마성의 카운슬러〉를 접하게 된 스물네 살 직장인입니다. 제 고민은 제목 그대로예요. 한 달 전, 일 년 넘게 사귀던 남자친구랑 헤어졌어요.

저희는 중학교 시절, 친구 덕분에 알게 된 사이입니다. 처음에는 그냥 참 좋았는데, 사귀다 보니 성격이 참 안 맞더라고요. 한마디로 정리하자면 저는 남자, 그가 여자였어요. 저는 무뚝뚝하고, 혼자 있는 시간을 좋아하고, 전화도 길게 하는 걸 싫어하는데, 남친은 애교도 많고, 사랑한다는 말을 입에 달고 사는 표현왕에다가, 전화 통화도 하루 열 번 이상 하는 성격이었죠. 그 외에도 싸우면 저는 양은냄비처럼 금방 끓고 금방 식는 편인데, 남자친구는 화해를 해도 오래오래 그 뒤끝이 남아 있는 편이었고요. 서울과 지방을 오가는 장거리 커플이어서 주말이 아닌 날에는 만나기 힘들다는 단점도 있었어요. 그래도 남친이 절 많이 이해해 줘서 만남이 유지되고 있었습니다.

그러다가 제가 먼저 취직을 했어요. 직업이 간호사라서 남들 쉬는 날 못 쉬고, 일하는 시간이 일정하지 않아요. 병원에서 스트레스도 되게 많이 받는 편이구요. 그래서 남친과의 연애는 뒷전이 될 수밖에 없었죠. 남친은 늘 그랬듯이 묵묵히 기다려 주더라고요. 그러다 견딜 수 없이 힘들었나 봐요. 헤어지자고 하더라고요. 그전에도 남자친구가 헤어지자고 한 적이 여러 번 있었어요. 저는 당연히 다 잡았었고요. 그래서 이번에도 잡힐 줄 알았어요. 그런데 정말 마지막이었나 봐요. 온종일 메시지를 남기고, 전화도 하고, 남친을 만나 길에서 울기도 하고. 그렇게 한 지 한 달이 다 되어 가고 있어요.

어제도 술을 많이 마시고 남친에게 전화를 걸어서 내가 매력이 그렇게 없느냐는 주정까지 해버렸네요. 그리고 오늘 아침에 카톡이 한 통 왔어요.

"민아야. 다음에 만날 남자한테는 표현도 많이 해주고, 망설이지 말고 하고 싶은 거 다 하면서 연애해. 넌 매력이 많은 여자야. 자존감 잃지 말고."

그는 끝까지 따뜻하더라고요. 제가 더 잡으면 남친이 저한테 돌아올까요? 아니면 친구들 말대로 연락을 하면 안 되는 걸까요? 도와주세요. 작가님. 너무 절박합니다. 남친이 보고 싶어서 미치겠어요.

민아 씨의 전 남자친구는 굉장히 다정하고 착한 남자로 보이네요. 헤어진(그러고 나서 매달리는) 여자에 대한 대처 방식도 신사적이고요. 한 마디로 꽤 괜찮은 인성을 가진 사람으로 보입니다. 지금 민아 씨 전 남자친구의 상황은 둘 중 하나입니다. 민아 씨와의 연애에 지쳐서 솔로로 지내고 싶은 상황이거나, 이미 다른 여자친구가 생겼는데 민아 씨에게 미안해서 말을 안 하는 상황입니다.

일단 이렇게 하세요. 딱 한 달만 아무 연락하지 말고 참아 봐요. 답답해 죽을 것 같겠지만 최소 한 달은 꼭 필요합니다. 한 달이 지나면, 찾아가서 만나세요. 안 만나려고 하면 통화도 괜찮아요. 그다음에 물어보세요. 여자친구가 생겼느냐고. 대답이 무엇이든 간에 진심을 보여 주세요. 요지는 이겁니다.

"예전과 달라진 모습으로 널 사랑하기 위해 한 달 동안 많이 반성했어."

다시 시작하자는 말이 아니라 새로 시작하자는 말을 하고 싶어서 연락했다고 하세요. 이제부터 편안하고 다정하고 사랑스러운 여자친구가 되겠다고 하세요. 남자친구가 민아 씨를 받아들이면 고마운 거고, 만약 안 받아들인다면 두 가지 마무리가 있습니다.

1 그에게 여자친구가 없는 경우라면 가끔 담담하게 연락을 주고받으며 편한 친구처럼 지내기
2 여자친구가 새로 생긴 경우라면 연락 딱 끊고 깨끗이 포기하기

이별 후에는 이성적인 판단이 흐려지기 마련입니다. 특히 헤어진 남자에게 미련이 있을 때는 제대로 행동하기가 거의 불가능하죠. 일을 그르치기 마련입니다. 그럴 때는 제가 카운슬링한 것처럼 행동 계획을 적어서 그대로 실천하는 방법이 좋습니다. 즉흥적인 기분에 휩쓸려 애원하거나, 술주정하거나, 비난하거나, 협박하면 그 남자는 점점 멀어지죠. 아셨죠, 민아 씨?

재결합이 성공하려면 두 가지 조건이 필요합니다. 이별의 원인이 되었던 문제가 해결되거나, 이별의 원인이 되었던 문제를 대하는 태도가 바뀌거나.

예를 들어 보죠. 오래 사귀다가 서로 지겨워진 경우, 우린 권태라는 표현을 씁니다. 권태를 이기지 못해 헤어진 커플이 다시 합쳤다 치죠. 이 커플이 잘 되려면, 어때야 할까요? 둘의 사이가 더 이상 권태롭지 않거나, 아니면 권태를 견디면서 만나는 식의 태도 변화가 있으면 되겠죠.

남자에게 비전이 없다는 이유로 헤어졌다면, 남자에게 비전이 생긴 뒤에 다시 만나거나 여자분이 비전 없는 남자도 괜찮다는 마인드로 변한 뒤에 만나면 오케이겠죠.

그렇습니다. 이별의 원인이 되었던 문제가 해결이 안 되거나 당사자들의 태도 변화가 없다면 결국 비슷한 이유로 또 헤어지기 마련입니다. 이럴 때는 다시 안 만나는 게 낫습니다. 이별 후에 재결합을 고민하는 독자분들이라면 꼭 명심하시기를.

✽ 상대에게 분이 안 풀려서 혼난 경우 있으신가요? 이미 딴 여자한테 간 놈이라고 해도, 그놈한테 복수해야 잠이 올 것 같을 때.
이럴 때 필요한 건 뭐? 권양의 카운슬링!

 그놈에게 복수하고 싶어요

김동희

안녕하세요. 22살 대학생입니다. 제가 좋아하는 오빠가 있었습니다.

그날은 그 오빠 포함, 친구 다섯 명과 술을 마시게 되었죠. 그 오빠 빼고는 모두 여자였어요. 친구 자취방에서 술판이 벌어졌는데, 먼저 취한 친구 네 명이 집에 가버렸습니다. 저도 일어나려고 했는데, 그 집주인이었던 친구가 자고 가라고, 붙잡더라고요. 그 오빠가 집에 갈 생각을 안 하길래, 단둘이 남겨놓기도 뭐해서 다시 앉았죠. 그렇게 저희 세 명이 계속 술을 마시면서 놀았는데, 어느 순간에 그 오빠가 은근슬쩍 제 옆으로 오더니 어깨를 끌어당기면서 절 안더라고요. 저도 술에 취한 김에 안겨 있었어요. 날 끌어안는 걸 보니, 이 오빠도 나한테 마음이 있구나 싶어서, 좋기도 했고요. 근데 손이 점점 허리로 내려와, 옆구리를 만지작거리더라고요. 부담스러웠지만 일단은 참았습니다. 그러다 노래방에 가게 되었는데 거기서도 스킨십이 계속되었고, 결국 키스까지 해버렸어요.

다시 친구 자취방에 돌아와서 셋이 잤는데, 오빠의 스킨십이 계속 이어져서 정말 끝까지 갈 뻔하다가 겨우 멈춰졌습니다. 다음날 오빠와 저는 웃으면서 헤어졌어요. 저는 빠른 시일 내로 먼저 고백할 생각을 하고 있었죠.

그런데 며칠 뒤에 그 오빠한테 여자친구가 있다는 걸 알게 됐습니다. 그 오빠가 비밀연애를 해서 저는 정말 몰랐어요. 그럼 그날의 그 스킨십은 뭐였는지, 화가 나고, 실망스럽고, 우울해서 미치겠더라고요. 근데도 사람 감정이 무서운 게, 좋아하는 마음이 쉽게 사그라지지 않더라고요.

견디다 못한 저는 그날 같이 있었던 친구한테 제 마음을 털어놓았습니다. 그 친구는 마치 자기가 당한 일인 듯 화를 내고, 절 위로해 주더라고요. 그런데 얼마 뒤, 정말 어이없는 소식을 들었어요. 그 오빠가 사귀던 여자와 헤어지고 제 친구와 사귄대요. 제 이야기를 듣고 분노하던 바로 그 친구요. 배신감에 잠을 잘 수가 없습니다. 그 커플에게 복수할 방법 없을까요?

🕶️ 동희 씨가 고민하는 문제는 바로 '증거의 상대성' 문제입니다. 말이 어렵죠? 간단하게 예를 들어 볼게요.

A라는 여자는 선물하기를 참 좋아합니다. 틈만 나면 다른 사람들에게 선물을 해주죠. A의 직장 동료인 B라는 남자는 선물이란 진짜 서로 좋아하는 남녀 간에나 가능하다고 생각하는 사람입니다. 어느 날 여자 A가 남자 B에게 하트 모양이 떡하니 박힌 머그잔을 예쁘게 포장해서 선물해 줍니다. 크리스마스 선물로요. 여기서부터 B는 A가 자기에게 마음이 있다고 오해하게 됩니다. 왜냐하면 그에게 있어서 선물이란 남녀 간의 호감의 증거이거든요. 문제는 A에게 선물은 그냥 인사의 표시 이상도 이하도 아니란 겁니다. 이 와중에 남자 B가 여자 A에게 평소에 관심이라도 있었다면 문제는 급속도로 심각해지죠. 동희 씨가 지금 딱 그런 케이스입니다.

동희 씨가 좋아한다는 오빠에게 스킨십이란 '즐거운 행위'에 불과합니다. 츄파춥스 사탕을 빠는 정도? 술 마시고 분위기 올라오면 곁에 있는 여자랑 입 맞추고 패팅하는 게 예사로운 사람이죠. 남녀를 불문하고 이런 사람들 꽤 있습니다. 문제는! 동희 씨에게 스킨십은 남녀 간의 고백이나 마찬가지인 사랑의 증거라는 거죠. 똑같은 스킨십이지만 그 오빠와 동희 씨에게 증거 하는 바가 전혀 다른 겁니다. 아마 혼란스러워하는 동희 씨는 아랑곳하지 않고 그 오빠는 가끔 그때 이야기를 툭툭 꺼낼지도 모릅니다. "우리 그때 참 좋았는데 말이야"라던가, "그때 나 너 참 좋아했다"라는 식으로. 그것 역시 특별한 의미 없이 재미로 하는 거예요.

말을 할 당시에는 진지했다고 해도요.

복수하고 싶다고요? 하지 마세요. 할 수 없으니까요. 그 오빠는 복수마저도 대수롭지 않게 받아들이고 신경도 안 쓸 걸요? 동희 씨만 내상을 입을 확률이 100%입니다. 똥물에 발 담그지 말고 얼른 이리로 돌아오세요. 하지만 제일 큰 문제는 이 부분이네요.

"근데도 사람 감정이 부서운 게, 좋아하는 마음이 쉽게 사그라지지 않더라고요."

동희 씨의 마음은 이해합니다. 저도 어린 시절 천하의 나쁜X 때문에 마음고생 한 적 있으니까요. 마음과 머리가 반대로 놀 때가 있죠. 어쩌면 진지하고 심각한 동희 씨와 달리 깃털처럼 가벼운 오빠의 성정이 매력적으로 느껴졌을지도 모르죠. 동희 씨가 그 오빠를 좋아하는 심리는 아주 복잡다단한 감정일 겁니다.

각설하고, 그 오빠와 동희 씨가 연인으로 다시 만날 수는 있을 겁니다. 그러나 그러면서도 그 오빠는 다른 여자들(동희 씨의 친구들을 포함해)과 지속해서 어울릴 거고, 스킨십도 할 거고, 몰래 사귀기도 할 거예요. 그래도 괜찮으면 계속 좋아하고 만나세요. 시간이 흐르면 그 오빠도 어쩌면 삶을, 연애를, 여자를 대하는 태도가 바뀔지도 모릅니다. 어떤 큰 깨달음이나 계기가 온다면요. 그러나 동희 씨가 그런 깨달음이나 계기를 줄 수 있다고는 착각하지 마세요. 부디 현명한 선택 하시길.

✱ 내가 사귀던 사람이 나랑 헤어진 후 내 친구의 연인이 되는 경우, 난감하죠? 힘들게 정리한 마음이 다시 복잡해지기도 하고요. 은근히 마음 쓰이는 이 경우를 같이 고민해 봅시다.

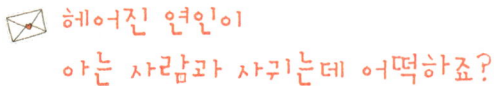
헤어진 연인이
아는 사람과 사귀는데 어떡하죠?

김정훈

20대 중반에 휴학하고, 취업을 준비 중인 남자입니다.

일 년 동안 사귄 여자친구와 헤어진 지 2개월이 다 되어가네요. 취업의 압박에 견디다 못한 제가 일방적으로 이별을 선언했죠. 저희는 CC였고 그래서 학교에서 우연히 마주쳐도, 인사조차 하지 않습니다.

그런데 헤어진 여자친구가 저랑 제일 친한 형과 사귀게 되었다는 난감한 소식을 오늘 들었어요. 그 형도 학교도서관에서 자주 공부하는데, 앞으로 만나면 대체 어떤 표정을 지어야 할까요? 심지어 둘이 있는 모습을 마주하게 된다면? 그 형이 제 전여친과 같이 있는 걸 생각하면 답답하고 화가 납니다. 이미 끝난 연애고, 전여친과 다시 만날 생각이 없긴 하지만 이런 감정이 드는 건 정상 아닌가요? 이제 그 형과 인사하며 지낼 자신도 없어지네요. 제가 너무 이기적인 건가요?

저한테 제일 많이 문의가 들어오는 사연 중 하나가 사랑과 우정 사이에 고민하는 분들의 사연입니다.

예를 들면, 지금 사귀고 있는 남자친구의 친구를 몰래 만나고 있다든지 여자친구의 친구와 가까워진다든가. 현재진행형인 연애도 이런데 이미 과거의 연인이라면 말 다했죠. 이렇게 자꾸 주변 사람들과 얽히는 경우는 학생들의 경우가 특히 많습니다. 주변 인간관계가 학교와 학원으로 한정되다 보니 만남과 헤어짐이 반복되면 자연히 서로 아는 친구들끼리 엮이게 되죠.

그러니, 신경 쓰지 마세요. 정훈 씨의 구여친과 선배 형이 정훈 씨를 무시하려고, 엿 먹이려고 그러는 게 전혀 아니니까요. 심지어 정훈 씨는 구여친에게 마음이 전혀 없는 상태라면서요? 차라리 남자답게, 대범하게 마음속으로 축하해 주세요. 취업 준비 중이라고 하셨죠? 사회로 나가게 되면 그런 경우가 훨씬 줄어든답니다. 인간관계의 폭이 넓어지니까요. 게다가 정훈 씨가 취업하고 나면 옛 연인이나 학교 선배에게 신경쓸 여유 자체가 없어지니까 자연스럽게 해결될 문제랍니다.

오늘의 결론은! 마음 떠난 옛 연인에게 신경 쓰지 말자!

상담을 하다 보니 간혹 정훈 씨와 비슷한 내용으로 상담 요청을 하는 분들이 있더라고요. 사실 헤어진 연인은 엄연한 남입니다. 뭘 하던 내 알 바가 아니죠. 내 욕을 하고 다닌다면 또 모를까요. 신경 써 봤자 나만 손해랍니다.

EPILOGUE

연애지상주의

　이 책은 연애를 시작하기 전의 준비운동 단계부터 결혼과 이별까지를 차례로 다루고 있다. 그래서 책을 다 읽고 나면 오해할 수도 있다. 마치 연애는 결혼하기까지의 과정이며, 결혼은 연애의 결실인 것처럼. 명백히, 그렇지 않다. 그렇게 접근한다면 당신은 이 책을 잘못 읽어도 한참 잘못 읽은 것이다.

　연애는 그 자체로서 유의미한 행위다. 연애하다가 결혼을 할 수도 있지만, 결혼하기 위해 연애를 한다면 분명히 뭔가가 꼬인다. 그러면 결혼하고 한참 살다가 이런 질문에 맞닥뜨리게 된다.

　"이게 내가 원하던 결혼생활인가?"

　연애는 결혼을 포함해 특정한 목표를 이루기 위한 수단이 되어서는 안 된다. 이쯤 되면 누군가 물을 수도 있겠다.

"당신은 연애지상주의자입니까?"

그러면 자신 있게 대답하겠다.

"네. 저는 연애지상주의자입니다."

나는 인간이 할 수 있는 수많은 행위 중에서 연애만큼 행복하고, 유의미한 행위는 없다고 믿는다.

"닥치고 연애하라."

부디 독자님들의 인생에 달콤한 연애 기운이 듬뿍 스며들길 빈다.

〈마성의 카운슬러〉 이재익PD의

직설
연애
상담

펴낸날 초판 1쇄 2015년 8월 3일

지은이 이재익 유은이

펴낸이 임호준
이사 홍헌표
편집장 김소중
책임 편집 김은정 │ **편집 3팀** 윤혜민 김송희
디자인 왕윤경 김효숙 │ **마케팅** 강진수 임한호 강슬기
경영지원 나은혜 박석호 │ **e-비즈** 표형원 이용직 김준홍 류현정

일러스트 홍승표 │ **인쇄** (주)웰컴피앤피

펴낸곳 북클라우드 │ **발행처** (주)헬스조선 │ **출판등록** 제2-4324호 2006년 1월 12일
주소 서울특별시 중구 세종대로 21길 30 │ **전화** (02) 724-7632 │ **팩스** (02) 722-9339
홈페이지 www.vita-books.co.kr │ **블로그** blog.naver.com/vita_books │ **페이스북** www.facebook.com/vitabooks

ⓒ 이재익 유은이, 2015

이 책은 저작권법에 따라 보호를 받는 저작물이므로 무단 전재와 무단 복제를 금지하며,
이 책 내용의 전부 또는 일부를 이용하려면 반드시 저작권자와 (주)헬스조선의 서면 동의를 받아야 합니다.
책값은 뒤표지에 있습니다. 잘못된 책은 바꾸어 드립니다.

ISBN 979-11-5646-011-2 13190

- 이 도서의 국립중앙도서관 출판예정도서목록(CIP)은 서지정보유통지원시스템 홈페이지(http://seoji.nl.go.kr)와
  국가자료공동목록시스템(http://www.nl.go.kr/kolisnet)에서 이용하실 수 있습니다. (CIP제어번호: CIP2015019784)

- 북클라우드는 독자 여러분의 책에 대한 아이디어와 원고 투고를 기다리고 있습니다.
  책 출간을 원하시는 분은 이메일 vbook@chosun.com으로 간단한 개요와 취지, 연락처 등을 보내주세요.

 는 건강한 마음과 아름다운 삶을 생각하는 (주)헬스조선의 출판 브랜드입니다.